나에게, 질문 있습니다

질문의 발견

"좋은 질문은 좋은 삶으로 이끄는
힘이 있습니다."

나에게, 질문 있습니다

질문의 발견

박세은 지음

사유와공감

#1 삶

#2 욕망

#3 마음

#4 세계

질문을 통해 나만의 답을 찾아가는 삶

"삶은(Life is) 계란입니다."

농담 같지만, 이것은 단순한 농담이 아닙니다. 알을 부화하고 나오는 병아리에겐 새로운 생명이 부여되기 때문입니다.
헤르만 헤세는 이렇게 말했습니다.

"새는 알에서 나오려고 투쟁한다. 알은 세계이다. 태어나려는 자는 하나의 세계를 깨뜨려야 한다."

이것은 모두 자신만의 세계에서 깨어나라는 의미입니다.

곤충의 변태 과정을 아시나요? '바다의 곤충'이라 불리는 갑각류 역시 허물을 벗습니다. 랍스터는 더 크고 단단해지기 위해서 목숨을 건 탈피를 합니다. 사실 랍스터에겐 '텔로메라아제'라는 효소가 있어 '복구' 능력이 있습니다. 다른 동물에게 잡아먹히지 않는 한 늙지 않는 영생을 지닌 존재입니다. 불행히도 랍스터는 탈피하지 못하면 껍질 사이에 끼어 죽음을 맞게 됩니다. 스스로 '성장'을 멈추는 순간 '죽음'이 찾아오는 것이죠.

인간의 영혼은 물리적인 육체와 물질세계 속에서 살고 있습니다. 스스로 껍질을 벗어내는 노력, 즉 '성장'을 멈추면 영혼 역시 노화하기 시작합니다. 그렇다면 스스로 성장하는 좋은 삶이란 무엇일까요?

《쇼펜하우어 인생론》에 의하면 하루는 작은 삶입니다. 잠에서 깨어나는 건 작은 출생이고, 이른 아침은 청년기이며, 잠드는 건 죽음이라고 합니다.[1] 좋은 질문은 좋은 삶으로 이끄는 힘이 있습니다. 매일 아침 넘쳐나는 정보와 가십거리를 소비하며 사는 사람은 자칫 피상적인 파편들 속에서 흔들리기 쉽습니다.

비판적인 질문으로 스스로 답을 찾으려는 노력은 삶을 성찰하는 자세를 부여해 줍니다. 매일 똑같은 하루가 반복되어도 새로운 해석으로 인한 통찰을 가진 사람에겐 새 인생을 사는 듯 혁신이 됩니다.

　물리학을 떠올려봅니다. 물체는 3차원 공간 안에 놓여 있습니다. 물체의 위치가 바뀌는 것을 '운동(運動)'이라고 하죠. 운동은 시간이 지남에 따라 물체에 일어나는 위치 변화입니다. 이때 변화를 나타내기 위해서는 '시작점'과 '도착점'이 필요합니다. 눈으로 보이는 기준점이죠. '위치운동'은 마치 사람들 앞에서 평가되는 자신의 성과나 성취와 비슷합니다.
　반면 물체가 지나간 길이를 '이동 거리'라고 합니다. 예를 들어 자동차가 30초 동안 직선으로 나아가 처음 위치로부터 50m 떨어진 곳에 도달하였다면 이동 거리는 50m입니다. 이동 거리에는 정해진 방향이 없고, 오직 길고 짧음만 있습니다.

　만약 자동차가 오른쪽으로 50m를 갔다가 왼쪽으로 50m를 돌아오면 이동 거리는 100m가 됩니다. 하지만 위치이동의 관점에서는 다시 원점으로 돌아왔으니 0m, 아무런 변화도 없습니다. 겉으로 보이는 위치는 제자리니까요. 그러나 자동차만은 자신의 변화를 느낄 수 있습니다. 연료 게이지는 내려가 있고, 창밖에서 들어온 타는 냄새가 시트에서 진동합니다. 룸미러 속엔 석양의 빛과 온기가 남아 따스합니다. 그동안 어떤 일이 일어났는지는 자동차만이 알 수 있습니다.

'위치' 없이 '거리'로만 존재하는 성장은 오직 자신만 알아차릴 수 있는 내면의 변화입니다. 먼 길을 애써 돌아가는 자동차의 여정은 삶과 비슷한 것 같습니다. 겉보기엔 아무런 변화가 없을지라도 어제와 다른 변화를 이뤄낼 수 있습니다. 스스로 좋은 질문을 찾아가는 과정에서 내면은 탈피를 준비합니다. 자칫 정체되어 있다고 생각되는 삶의 파편 속에서도 사소한 호기심에 기대어 앞으로 나아가는 길이 있습니다. 빠르게 변하는 세상 속에서 혼자 고립된 듯 불안한 날들을 사는 여러분과 질문을 통한 내면의 성장에 대한 이야기를 나누고 싶습니다.

Q

왜 잘 사는 척하게 될까?

친절한 얼굴에도 숨겨진 마음이 있을까?

우리는 언제쯤 노인이 될까?

세상은, 한 가지의 해석만 존재할까?

정체기를 어떻게 정의해야 할까?

멈추지 않는 삶, 어떻게 살아가야 할까?

삶의 목적은 무엇일까?

실패를 어떻게 받아들여야 할까?

긴 여행의 끝엔 무엇이 남는가?

머릿속에 떠오르는 생각은 진짜 내 생각일까?

#1

삶

왜 잘 사는 척하게 될까?

안타깝게도 요즘 자살과 관련된 뉴스들을 자주 접한다. 생을 앗아간 자리는 경제적 어려움과 삶을 향한 투쟁들로 켜켜이 쌓여 있다. 잘 살고 싶은 욕망을 포기할 만큼 마지막 순간이 얼마나 고통스러웠을까. '나는 잘 살고 있을까?' 혹은 '잘 사는 척만 하는 건 아닐까?'라는 질문을 던져본다.

인터넷과 정보통신 기술이 발달할수록 여유가 늘어날 것이라는 기대와 달리, 사람들은 더욱 바빠졌다. 오프라인뿐 아니라 온라인 속 삶도 함께 꾸려가고 있기 때문이다. SNS에 접속

만 하면 점심을 먹는 대통령의 모습부터 상상 초월 저택에 사는 재벌의 모습, 생방송을 준비하는 아이돌의 뒷모습까지 볼 수 있다.

그곳에선 부와 계층이 허물어진 채 모두가 한곳에서 뒤죽박죽 비빔밥처럼 존재한다. 그곳에선 희귀하거나 자극적인 삶을 향유할수록 사람들의 관심이 더욱 집중된다. 그 광경을 바라보고 있노라면 마치 '누가 누가 더 잘 사나?' 하는 올림픽이 벌어지는 것 같다. 그에 비해 지극히 평범한 삶을 살고 있는 자신을 돌아보면 그 존재가 마치 우주를 부유하는 먼지 한 톨 같은 건 어쩔 수 없다. 그 순간 '타인의 잣대로 자신의 가치를 판단하려는 실수'를 범하기 쉽다. 상대적 박탈감은 마치 감기와도 같다. 밖에서 안으로 침투한 감정은 결국 통증을 만든다.

반면 어지러운 세상에서 스스로를 망가뜨리려는 충동에 전복되는 날도 있다. 어린 시절 꿈꿔오던 어른의 모습과 현재의 괴리감에 자꾸만 뒤틀린다. 그럴 땐 언제나 '나는 의지박약이야….'라며 자신을 탓하는 게 가장 쉽다. 결국 '자기 비하'라는 속임수에 걸려 넘어지고서야 인생의 쓸쓸함에 한탄하게 된다. 그 순간 '왜 나만 아플까?'라는 생각에 주위를 돌아볼 여유는 사라지고 이성적인 사고 역시 흐릿해진다.

'나는 꼭 타인에 의해서 평가받아야만 하는 존재인가?'

아기는 걸음마를 하기 위해 수백 번을 넘어진다. 이때 착용하는 무릎보호대는 넘어지지 않기 위해서가 아니라 안전하게 넘어지고 다시 일어서기 위해서다. 인간은 시행착오 속에서 끝없이 넘어지고 일어서는 존재이다. 인생은 꾸역꾸역 밟고 올라선 '위치'가 아닌, 다시 일어서는 '변화'에 초점을 맞추고 새로운 방향으로 나아가는 태도에서 시작된다.

'자신이라는 알을 깨고 세상 밖으로… 일보… 이보… 삼보…'

인체에서 심장이 멈추면 '죽었다'라고 판단한다. 한 과학자가 놀라운 임사체험을 연구했는데, 인간의 심장이 멈춘 후 뇌는 6분 정도 더 활동한다고 한다. 죽음의 순간, 주변 사람들의 흐느낌을 들으면 삶이 주마등처럼 흘러간다고 한다. 그 순간 우리는 어떤 삶을 되돌아보게 될까? 누구에게나 여지없이 똑같이 주어지는 통과의례라면, 죽음 앞에서는 사람들의 인정과 기대치를 버리고 자신을 제대로 마주할 수 있지 않을까?

유행하는 옷 스타일이 모두 나와 꼭 어울리는 것은 아니다. 자크 라캉Jacques Lacan은 그의 저서《욕망 이론》에서 인간은 타자의 욕망을 원하고 탐낸다고 했다.[2] 그동안 나의 욕망과 선택들이 타자의 욕망을 모방한 것들은 아니었는지, 되짚어 보아야 한다. 타인의 입맛에 맞게 골라낸 가치가 아닌, 스스로 끌어올린 가치를 찾아 꾸준히 솎아내기가 필요한 시점이다.

친절한 얼굴에도 숨겨진 마음이 있을까?

수산시장에는 은근한 호객 행위가 있다. 물건 따위를 팔기 위해 손님을 억지로 부르는 호객꾼이 떠오른다. 주인들이 저마다 길 위에서 손을 저으며 손님을 불러 세운다.

"어서 오세요, 여기가 제일 많이 줘요."

"삼촌, 뭐 찾아? 뭐든 내가 다 맞춰줄게. 말만 해."

이 속에서 한 인간의 단순한 의식은 이렇게 흘러간다. 일단 호객꾼이 뜨면 '어떤 재료를 고를까?'에서 '어느 가게에서 살까?'로 고민이 뒤바뀐다. 화려한 간판과 입말을 자랑하는 입구 쪽 가게들은 '이제 막 와서, 조금 더 보고 올게요.'라는 말로 피한다. 행인의 발길을 붙잡으려 생선을 무조건 바구니에 담는 곳도 있다. 고통 속에 몸부림치며 팔딱이는 생선을 '기운찬 녀석'이라 자랑하는 집들도 피한다. 생선에게 미안한 마음에 빛의 속도로 도망친다.

곧게 뻗은 시장 길목 끝에 도달하자 소란이 잦아든다. 미소를 머금은 주인이 손님을 힐끔 쳐다보고 다시 회를 썬다.

"이건 얼마예요? 요즘 뭐가 제철인가요?"

하나부터 열까지 손님이 직접 물어야 하지만 속은 되레 편안하다. 물어보다 돌아서도 붙잡지 않을 사장님의 무심함에서 왠지 모를 신뢰감이 솟아난다. 비언어적 태도에서 '나 신경 쓰지 말고 뭘 먹고 싶은지 천천히 둘러봐요.'라는 의미의 '우호적 무관심'이 묻어 나온다. 그런 곳에서 주변을 둘러보면 기다리는 손님들의 분위기가 비슷하다. 다들 조용한 대화를 이어간다. 그제야 런웨이를 내려온 듯 긴장이 풀리고 제철 맞은 강도다리가 눈에 들어오기 시작한다.

니체의 《초역 니체의 말》에 의하면 사람의 마음은 그 사람의 태도에 나타난다고 한다.[3] 주위를 돌아보면 은근히 호객꾼처럼 과장된 행동을 하는 사람들이 있다. 자신을 크게 보이고 싶어 하는 허영심이 작동한 결과이다. 사람들로부터 힘이 있고 특별한 존재로 각인되길 바라기 때문이다. 그래서일까, 이들의 행동은 어딘가 부자연스럽다. 들판 위에 잘 익은 벼는 스스로 고개를 숙인다. 사람도 다르지 않다. 알면 알수록 그동안 모르고 살았던 무궁무진한 배움의 깊이를 알게 된다.

더 깊이 배우고 많이 알수록 겸손이 함께 자라난다. 과장된 행동을 보이는 사람들일수록 텅 빈 내면을 부풀린 태도로 채우려는 성향을 나타낸다. 반면 배려를 잘하는 사람들이 있다. 그들은 언제나 공정심을 갖고 남에게 폐 끼치지 않으려 노력하며 살아간다. 이러한 사람들의 특징은 은근한 사양을 잘한다는 것이다. 내면에 거절로 인한 관계의 실패에 대한 두려움이 있는 것이다. 이들은 때론 책임과 성의로 쌓은 인간관계

속에서 뒷짐 진 채 발을 빼고 싶어 한다.

후자에 속하는 인물이 바로 나다. 나는 배려를 잘한다고 생각해 왔지만 동시에 은근한 사양도 잘하는 사람이었다. 그동안 '도리'와 '예의'로 감싸진 환대 속에 은근한 '거절'을 숨기고 살아왔다. 돌이켜보기 전에는 사실 그 안에 두려움이 존재한다는 걸 몰랐다. 두려움에서 태어난 '관계의 안정 지향성'은 자칫 앞으로 나아가려는 마음에도 제동을 걸곤 한다.

때론 속을 보이지 않는 상대에게 되레 겁먹고 뒤로 물러났던 적도 있다. 스스로 되묻고 싶다. 그동안 두려워했던 녀석의 정체는 관계의 끝이었을까, 관계의 지나친 발전이었을까? 살면서 친절한 얼굴 속에도 어떠한 마음이 숨겨져 있는지 들여다볼 생각이다.

우리는 언제쯤 노인이 될까?

승자 효과라는 말이 있다. 사람이 성공하게 되면 남성 호르 몬인 테스토스테론이 더욱 많이 분비돼 지배적 행동이 강화 되고, 그로 인해 더 많은 성공을 불러온다는 것이다.[4] '고기도 먹어본 사람이 잘 먹는다.'라는 속담과 비슷한 맥락이다. '자 주 이겼던 경험'은 성공으로 이어진다. 이기는 경험을 쌓기 위해서는 약한 상대와 자주 겨루어보면 된다. 그렇게 쌓인 '이기는 경험'은 미래의 '이길 수 있는 경험'에 반영되어 점차 승률을 높여준다고 한다. 이렇듯 작은 성공 경험이 모여 커다 란 도전 앞에서 자신감과 신뢰감으로 작용한다.

때로 나는 복잡한 디지털 기기, 소프트웨어와 싸울 때가 있다. 이럴 때 괜히 나이 탓을 해본다. '여름 휴가' 하면 요즘 아이돌이 아닌 DJ DOC나 쿨의 〈아로하〉를 떠올리듯 익숙한 것에 끌리는 나이 아닌가. 자주 가던 식당의 익숙한 테이블에 앉아 만나던 사람만 계속 만나게 된다. 점차 나이를 먹을수록 어느덧 새로움은 낯설고 불편하게 다가온다. 불편함의 이면에는 실패에 대한 두려움이 숨겨져 있다. 평화라는 미명 하에 새로운 도전이 없던 나날에 점차 아쉬움이 먼지처럼 쌓인다.

우리는 65세 이상을 노인으로 정의한다. 일반적으로 자기중심성, 폐쇄성, 활동성이 감퇴하는 특징을 보인다. 또한 조심성과 경직성의 증가로 자신에게 익숙한 습관이나 태도를 고수한다. 그러다 보니 매사에 융통성이 없어지고 변화를 싫어하며 도전을 꺼리게 되지만, 오랫동안 사용해 오던 물건에 대한 애착을 통해 안도감을 느낀다. 이처럼 가끔 자신의 일부에서 노인들이 지니는 특성을 발견하곤 한다.

《나를 살리는 철학》의 저자 알베르트 키츨러 Albert Kitzler는 '사회에서 누가 노인을 노인으로 정하는가?'에 대한 물음에 결국 누구나 노인이 된다고 강조했다.[5] 노화란 누구에게나 찾아오는 삶의 단계이다. 세상에는 노인의 육체로 새로운 배움과 도전을 즐기는 사람들 또한 존재한다. 노인을 '새로운 변화의 파도를 보지 못한 채 여전히 과거 속에 사는 사람들'이라고 정의해보면 어떨까? 그렇다면 생각하기에 따라 누구나 노인이 될 수도 있고, 되지 않을 수도 있다.

그렇다면 새로운 변화의 파도에 밀리지 않는 유연성은 어떻게 얻을 것인가? 니체는 항상 마음속에 질문이 떠오르면 고민이나 생각 대신 행동으로 답하는 걸 강조했다. 지금껏 안 해본 일들을 해보며 사는 새로운 도전을 시작해보자. 오른손으로 먹던 밥을 왼손으로도 먹어보고, 늘 가던 골목길이 아닌 다른 길로 걸어가 보는 작은 일상 속의 모험 말이다.

경직된 몸을 재활 훈련하듯 경직된 태도와 생각의 유려함에도 연습이 필요하다. 언뜻 무용해 보이는 도전들이라도 겹겹이 쌓여 점차 유연하게 변해가는 자신을 경험해보자. 흘러가는 변화 속에서 중심을 잡는 법을 익히면 앞으로 새로움을 즐길 수 있는 날들이 기다리지 않을까? 그러기 위해 일단 여유를 갖는 삶의 태도가 요구되는 바이다.

　하루에 손 그림 한 장 그리기, 아침에 웃는 얼굴 셀카 찍기, 계절별 구름 사진 수집하기, 나만의 단어장 만들기, 이색 요리 도전기 등 성공할 수 있는 소소한 도전을 지속하는 것은 태도를 넘어 삶의 전반에 영향을 미친다. 때로는 거창한 계획이나 생각이 행동을 망설이게 한다. 마음속에 떠오르는 소소한 도전 의식들을 따라 몸으로 답해보는 작은 모험을 펼쳐 보자.

세상은, 한 가지의 해석만 존재할까?

가을 하늘은 이동성 고기압의 영향을 받아 사계절의 하늘 중 가장 아름답다. 하늘 아래 사정도 다르지 않다. 길을 가다 마주치는 나무에 온통 시선을 빼앗기게 된다. 나무를 물들인 채도와 색감은 그 어느 때보다 다채로움으로 빛이 난다.

신호등 앞에 서 있을 때였다. 바람이 불자 정지된 화면 속에서 나무가 살아 움직이는 듯했다. 나무 위로 펼쳐진 가을 하늘의 색감은 물감이나 크레파스에서 보았던 '하늘색'과 달랐다. 몇 가지 상투적인 표현이 머리를 스쳤지만, 눈앞의 풍경과 대조해보니 무엇 하나 같은 게 없었다. 가끔 인간이 느끼는 감각은 언어체계보다 더 크고 섬세한 것 같다. 미술 작품을 보고 압도된 감정을 형용할 수 없었던 순간이 떠오른다.

니체는 《차라투스트라는 이렇게 말했다》에서 사람들은 자신을 보존하기 위해 먼저 사물들에 가치를 부여해 왔다고 제시했다. 여기서 가치란 사물들에 인간적인 의미를 부여하는 행위이다. 그에 의하면 사람들은 삶이라는 공간에서 가치평가를 통해 창조하는 존재다.[6] 사람들은 사물에 가치를 부여하기 위해 먼저 꾸준히 의미를 부여했다. 사물은 새로운 해석의 체계 혹은 관점 속에서 가치를 입는다.

그는 새로운 해석을 위해서 기존의 해석체계를 끊임없이 파괴할 수밖에 없다고 강조했다. 주위의 대다수의 사람은 기존의 해석체계를 유지하며 살아가기 때문에 새로운 해석체계를 창조하려는 사람은 고독을 견뎌낼 수 있어야 한다는 것이다. 이때 언어는 새로운 해석을 위한 도구가 된다.

언어가 탄생하기 전, 먼저 세상이 있었다. 사람들이 이름을 붙여주기 전부터 세상은 존재해왔다. 지리적·역사적 혹은 문화적 영향을 받는 인간이 만든 언어라는 도구 속에 세상을 전부 담아내기란 참 어려운 일이다. 그 한계를 넘어서기 위해 언어는 이 순간에도 별처럼 꾸준히 새로 태어나고 죽음을 반복한다.

문득 맹인이 코끼리를 만지는 이야기가 떠올랐다. 맹인들이 코끼리를 만져보고 이야기를 나누기로 했다. 어떤 이는 두툼한 다리를 만지고, 어떤 이는 기다란 코를 만지며, 어떤 이는 딱딱한 상아를 만진 후 이야기한 결과, 그들은 서로 다른 생명체를 묘사했다. 사람들은 '각자의 언어를 통한 해석의 세계'를 살아가고 있는 것 같다. 특히 변화의 주기가 급속도로 빠른 지금, 기술 문명 시대는 해석을 통한 새로운 정의들로 넘쳐난다.

하나의 코끼리를 보면서도 각자 해석해낸 수억 마리의 코끼리가 탄생한다. 그 가능성의 다양함은 때론 사고를 넘어 음악과 그림, 건축 등 창조적 행위 속에 담기기도 한다. 매 순간 느끼고 마주하는 세상이 다르므로 해석에 있어서 틀린 것은 없다고 생각한다.

지금 두 발로 서 있는 곳에서 생경하게 느껴지는 경험들이 진짜라는 믿음, 자기만의 고유한 이야기는 서툴 수 있지만 틀리지 않다. 단지 다를 뿐이다. 자칫 차이가 차별이 되지 않도록 서로가 서로를 이해하는 일에도 여유로움이 요구된다. "너는 잘못된 거야. 이건 꼭 고쳐야만 해."라며 서로의 해석을 배척하는 동안 정작 잃어가는 가치는 무엇인지 잘 살펴보기 바란다.

요즘 자극적인 가십거리 속에는 피상적인 정보가 넘쳐난다. 직접 두 발로 나가 보고, 경험하여 쌓은 인사이트가 풍부한 사람은 그 자체로도 한 권의 책이 된다. 단색으로 핀 꽃을 보며 다양한 환경 속에선 서로 다른 색상으로 피어날 수 있다는 사실을 아는 사람에겐 공감과 이해의 온도가 다르기 마련이다. 긴긴 겨울밤, 침대 머리맡에 앉아 아이들에게 나눠줄 이야기들이 마르지 않는 어른이 되어보는 건 어떨까?

정체기를 어떻게 정의해야 할까?

바짓단 사이로 찬바람이 들이치는 강추위를 만났다. 겨울을 대비해 곡식 창고를 채우듯 읽을거리를 찾아 집 앞 도서관에 갔다. 겨울은 몰입하기에 좋은 계절이다. 계단을 오르며 본 방화셔터에는 주의문구가 적혀있었다. "이곳에 물건을 적재하지 말아 주세요." 순간 적재라는 단어가 머릿속에 콕 박혀 온종일 떠나질 않았다.

적재
- 물건이나 짐을 선박, 차량 따위의 운송 수단에 실음.

- 어떤 일에 알맞은 재능, 또는 그 재능을 가진 사람.
- 요긴한 것만을 따서 기록하여 실음.
- 재산을 쌓아 모음, 또는 그 재산.

적재란 그저 정체되어 쌓여있는 상태인 줄로만 알았는데 숨겨진 다양한 뜻이 있었다. 요 며칠 추위 때문에 음식물이 위 안에서 적재된 기분이었다. 작년 겨울 길에서 따끈한 어묵 꼬치를 하나 먹고 급체해서 응급실에 다녀온 기억이 떠오른다. 모든 바깥 활동을 멈춘 채 잔뜩 움츠러든 몸으로 실내에서 머무는 계절. 산으로, 들로, 바다로 돌아다니기 바빴던 다른 계절에 비해 겨울은 왠지 자신이 스스로 적재된 느낌이 들곤 한다.

또 다른 의미로 적재는 재능, 혹은 재능을 가진 사람을 말한다. 적재되어 정체된 것만 같은 겨울이란 계절은 종종 인생에서 시리고 어려운 시기를 비유하는 말로 쓰이기도 한다. 딱딱한 고체처럼 강추위 속에 적재되어 있던 순간들도 실은 '어떻게 보내는지'에 따라 재능과 재산을 쌓아 모을 수 있다고 생각해보니 힘이 더해진다.

한해살이란 말이 있다. 봄에 싹이 터서 그해 가을에 열매를 맺고 죽는 한 해를 생존하는 식물이다. 한해살이 식물들은 대개 겨울 동안 땅속에서 다가올 봄날을 기다린다. '적재적소' 재능을 지닌 인재가 알맞은 자리에 쓰일 수 있도록 한해살이 씨앗처럼 겨울에는 바닥에 납작 엎드려 햇빛을 모으는 시간이 필요하다.

겨울 동안 먹고 입고 지낼 옷가지나 양식 따위를 통틀어 겨우살이라고 한다. 혹한의 계절 겨울은 동물에게도 어려운 시기이다. 살인적인 추위와 먹이 부족을 해결하기 위해 일부 동물들은 겨울잠 준비로 미리 먹고 지낼 양식이나 안식처를 마련한다.

올 겨우살이는 잠재되어 있던 호기심과 지식을 쌓으며 어려움을 당당하면서도 의연하게 극복하는 시간으로 삼아보는 건 어떨까? 겨우살이를 이제 '겨우 살아냄'이 아닌 '새로운 탄생을 위한 설레는 기다림'으로 재정의해본다.

멈추지 않는 삶, 어떻게 살아가야 할까?

다카포는 '처음부터'라는 뜻이다. 악보 속에서는 D.C로 표현되는데, 곡의 처음으로 되돌아가 연주하라는 것은 《차라투스트라는 이렇게 말했다》의 '치유되고 있는 자'를 떠올리게 한다. 그에 의하면 모든 존재는 수레바퀴가 굴러가는 모습처럼 때가 되면 가고, 또 되돌아온다. 그러므로 존재의 세월은 영원히 지속되는 것이다.

그가 주장한 영원회귀 사상 또한 현재의 삶이 영원히 반복된다는 의미이다. 그의 이론에 따르면 악보 속 도돌이표를 연주하는 연주자처럼 우리의 삶은 멈추지 않고 계속된다. 과거에도 그랬을 것이고, 지금 이 순간에도 마찬가지다. 존재 자체는 잠시도 휴식하는 법이 없으며 균형에 이르는 법이 없기 때문이다.

이것을 흔히 모래시계에 비유한다. 그 안을 모래알처럼 분주히 이동하는 사람들은 매일 아침 뒤집히는 날을 맞이한다. 매일 눈 뜨고 출근 전쟁을 치른 후 격무에 시달리는 이들에게 '반복'은 그다지 반갑지 않은 이야기일 것이다. 거대한 돌을 밀어 올리던 시시포스에게도 반복은 신들이 내린 형벌이었다. 그렇다면 영원히 반복해도 괜찮은 삶이란 어떤 것일까?

사람들은 대개 자아를 시간의 연속선상에서 판단한다. 금빛처럼 찬란했거나 혹은 초라했던 과거를 지나 현재를 통과해 부지런히 미래로 나아가고 있는 존재 말이다. 그 기다란 테이프를 '인생'이라고 생각했을 때 '하루'라는 가위로 조각조각 잘라내면 어떨까. 그렇게 단편으로 잘린 '현재'(한순간)는 영원히 반복된다. 한 인간이 태어나 성장하고 성취하며 성숙해 가는 모든 일련의 행위들을 조각조각 단면으로 자르면 결국 '오늘'을 영원히 사는 것이다. 달리 말하자면 과거는 '이미 다 쓴 오늘의 껍데기'이며, 미래는 '아직 배달받지 않은 오늘'이 된다.

영원회귀 사상에 의하면 영원한 현재, 즉 영원한 순간만이 계속 존재한다. 동일한 것이 영원히 되돌아오는 삶은 과연 어떨까. 인생을 '한바탕 놀이'에 빗대는 사람이 있는가 하면 '지옥'이나 '연옥'에 비유하는 사람들도 있다. 아무런 의미 없이 계속되는 '허무와 권태를 견뎌내는' 수많은 사람에게 영원회귀 사상은 절망이다.

'기쁠 희, 성낼 로, 슬플 애, 즐거울 락' 희로애락은 인간이 가지고 있는 가장 근원적인 네 가지 감정이다. 이 외에도 인간에게는 존경, 두려움, 놀람, 수치심, 역겨움, 따분함, 분노, 기대감, 신뢰 등 다양한 감정의 버튼이 존재한다. 이러한 다양성은 우리가 하루 종일 누르는 감정의 버튼이 단지 기쁨만 존재하지 않는다는 걸 보여준다. 어쩌면 누군가의 오늘은 기쁨이 주는 짧은 휘발성을 뒤로한 채 감당해야만 하는 감정의 총체적 난국일지도 모른다.

이처럼 달콤하고 살벌한 영원회귀 사상은 '아모르파티'와 일맥상통한다. 니체는 언제나 자기 삶을 긍정적으로 강조해 왔다. '자기 삶을 사랑하라.'라는 말은 '주어진 운명을 수동적으로 받아들이라.'라는 게 아닌 '능동적으로 나서서 사랑스럽게 가꾸라.'라는 의미에 가깝다. 영원회귀 또한 삶을 영원히 반복해도 좋을 의미 있고 아름다운 삶으로 가꾸라는 뜻이 된다. 쳇바퀴 돌 듯 반복되는 일상을 대하는 태도를 좀 더 숭고하게 가꿔보자. 매 순간이 영원한 것처럼 살아야 한다.

　매미의 노랫소리는 여름을 더 아름답게 수놓는다. 매미는 2주 동안 목 놓아 울기 위해 7년이란 긴 시간을 땅속에서 기다린다. 그리고 매년 여름 부지런히 그 시작과 끝을 노래한다. 어찌 보면 매미도 영원회귀 중이다. 단 한 순간, 무대 위의 영광을 투정으로 채울지, 아름답게 수놓을지는 마음먹은 이에게 달려있다. 무대 위에서 연주자가 한 곡을 완벽히 연주하기 위해 무한 반복하는 연습 과정이 떠오른다. 자신만의 교향곡을 완성하기 위한 예술가처럼 우리는 오늘도 무한한 반복을 진행한다.

연주자에겐 매년 똑같은 곡을 연주하는 행위에도 생의 전반에 따라 다르게 해석될 여지가 있다. 인생은 확실성이 아닌 정반대의 상황에서도 즐거움을 찾을 수 있으니까. 무수히 반복되는 일상을 사소한 발견과 호기심으로 자신을 사랑스럽게 가꾸며 살아보자. 탄생과 소멸, 그리고 전복이 재생산되는 생의 반복 속에서 입 안에 달콤한 기쁨만이 아닌, 성숙과 의미를 찾아 자유롭게 유영하는 그런 날들을 보내보자.

삶의 목적은 무엇일까?

미국의 철학자 에이브러햄 캐플런Abraham Kaplan은 "어린아이에게 망치를 주면 두드릴 수 있는 모든 것을 찾아다닐 것이다."라고 말했다. 그리고 심리학자 에이브러햄 매슬로Abraham H. Maslow는 '망치의 법칙'을 제시했다. '목수가 가진 도구가 망치밖에 없으면 세상의 모든 것이 못으로 보인다.'는 것이다. 사람이 어떤 도구를 들었는지에 따라 세상과 사물을 보는 방식이 달라질 수 있다는 놀라운 지적이다.

망치는 단단한 것을 두드리기 위한 용도이고, 톱은 나무나

쇠붙이를 자르기 위해 만들어졌다. 인간 최초의 도구는 야생 동물을 잡거나 단단한 견과를 깨뜨리기 위한 암석이나 막대였다. 인간의 오랜 진화와 시대별 쓰임에 맞춰 도구도 함께 발달해 왔다. 이처럼 도구가 탄생하게 된 계기에는 명확한 용도나 쓰임이 있다.

그렇다면 사물과 다르게 자연에는 어떠한 목적이 있을까? 겨울잠을 자던 곰과 땅속 매미들은 밖으로 나오는 순간을 어떻게 알까? 몸 안에 기막히게 정확한 알람 시계라도 숨겨둔 것인가. 얼어붙은 땅이 녹고 온기가 돌면 자연 만물들은 각자 분주해지기 시작한다. 무심코 지나치던 길가에 핀 이름 모를 꽃들도 화려하게 만발하며 아름다움을 뽐낸다. 물을 빨아올려 이파리에 생기가 도는 나무의 수려한 가지들도 저마다의 균형감으로 빛난다.

한때 생동하던 자연을 보며 시기와 질투심을 느낀 적이 있다. 쨍하게 내리쬐는 햇빛 아래서 저절로 곱게 피어난 꽃과 달리 쇼윈도에 비친 나는 주름살이 늘어가며 늙어가고 있었다. 자연은 바라만 보아도 절로 감탄이 나오지 않는가. 그렇다면 인간이 세상에 태어난 목적은 무엇일까?

아리스토텔레스에 의하면 자연이 하는 일에는 쓸데없는 것이 없다.[7] 즉 세상 모든 사물은 그 고유의 목적을 가지고 태어난다. 사람은 목적을 가지고 태어났으며, 그것은 최고의 선을 추구하는 것이다. 최고의 선이란 행복하기 위한 것이다. 인간은 궁극적으로 행복을 목적으로 한다. 여기서 행복이란 그 자체를 추구하는 것이지, 무언가를 위한 수단이나 도구가 되지 않아야 한다. 즉 행복을 추구하는 삶은 잘 존재하는 상태를 말한다.

최근 집 안에 새로운 도구를 들였다. 열대우림으로 변해가는 날씨에 빨래들을 잘 말리기 위해서는 건조기가 필수다. 잘 마른빨래를 꺼내놓고 거실에 앉았다. 살짝 열린 창으로 부드러운 미풍이 불어와 기분 좋게 땀을 식혀주었다. 들통에서 갓 쪄낸 감자처럼 수건의 감촉이 파근파근했다. 보드라운 면사의 밀도가 꽉 차 복슬복슬한 수건에 코를 파묻자 한 문장이 떠올랐다.

'꼭 무엇이 되지 않아도 괜찮다.'

어린 시절, 부모님께서는 내게 공부를 강요하지 않으셨다. 그런데도 영리한 아이들은 피부로 느낄 수 있다. 부단히 노력해서 지금의 내가 아닌 무언가가 되어야만 한다는 사실을…. 학교 담벼락 밖의 세상은 오밀조밀 키 순서가 아닌, 쓰임새로 줄을 선다는 것도 알게 된다. 아이들은 꼭 필요로 하는 쓰임 있는 사람이 되어야만 한다는 무언의 압박을 받으며 자라난다.

순간 재미있는 상상을 했다. 어린 시절 부모님이 되어 어린 자신에게 이런 이야기를 들려주는 것이다.

"꼭 무엇이 되지 않아도 괜찮아. 지금부터 여정을 떠나게 될 거야. 크고 작은 실수들이 찾아와 너를 헤매게 할 수도 있지만 미리 겁내지 않아도 돼. 바른길로 가기 위해 들려야 하는 경유지일 뿐이란다. 꼬불꼬불 느리게 돌아가더라도 목적지는 언제나 하나야. 성장할 너 자신이 이끄는 그곳을 향해 가기를 바라. 네가 어디에 있든 그 자체로 고유한 '너'는 손상되지 않을 테니까. 자신을 믿어야 해."

그랬다면 아마 친구와의 경쟁에서 점수가 밀려 속상했던 날 밤에도, 더 번듯한 직장을 찾기 위해 수없이 이력서를 넣었던 날 밤에도, 마음을 다해 함께 일하던 상사에게 일방적으로 혼나고 돌아온 날 밤에도 조금은 덜 비참한 마음으로 등을 누이고 잘 수 있지 않았을까? 그때 나에게 질문을 던졌어야 했다. '실패가 두려운가? 아니면 패배자라는 낙인이 두려운가?'

실패가 두려웠던 순간이 떠오른다. 조이스틱을 쥐고 게임 속 보스를 깨기 위해 양손이 땀으로 흥건했던 적이 있다. '여기까지 와서 죽으면 어떻게 하지?' 실패라는 단어를 마주하는 게 두려웠다. 결과는 늘 에너지 칸이 닳고 게임 오버. 마지막이라 생각했던 순간에 '시작하기' 버튼이 다시 깜빡거렸다. 1탄부터 차근차근 위태로웠던 구간을 신경 쓰면 더 멀리 나아갈 수 있었다. 실패를 두려워하지 않는 관대함과 태연한 마음 그 자체로 사람이 지닐 수 있는 또 하나의 능력이 된다.

'자연은 목적 없이 움직이지 않는다. 나만의 목적을 향해 자유롭게 움직이고 싶다. 자유로움 속에 훨훨 날다가 그곳이 벼

랑이든 깊은 산속이든 도달한 후 나만의 정원을 찾고 싶다.'

최근 슈퍼문이 떴다. 사람들이 모여 고개를 들고 일제히 달을 바라본다. 입을 떡 벌린 채 달을 향해 탄성을 내질렀다. "대단하다!" 그날 밤 달을 관찰하느라 사람들 눈에 들어오지 않았던 하늘 위에는 사실, 별과 구름도 있었다. 물병자리, 물고기자리, 양자리, 황소자리, 쌍둥이자리, 게자리, 사자자리, 처녀자리, 천칭자리, 전갈자리, 사수자리, 염소자리 등. 수많은 별이 달과 함께 빛나고 있다는 걸 잊지 말자.

기술 문명 시대는 인간의 가치를 생산성으로 판단한다. 지나친 경쟁과 성취주의 속에서 사람들은 점차 도구화되고 기계들과 싸우며 자신을 증명해야 한다. 인공지능이 인간이 지닌 재능을 위협하는 지금, 그 어느 때보다 인간이란 존재에 대한 재정의가 필요하다. 별은 그 자체로 빛을 낸다. 그 누구도 별에게 달이 되라고 하지 않는다. 지금 자신만의 위치에서 성좌를 지키며 은은한 빛을 내며 살아가는 수많은 이에게 묵묵한 응원과 찬사를 보내고 싶다.

실패를 어떻게 받아들여야 할까?

달빛을 닮은 가로등 아래 낙엽이 흔들린다. 햇살이 온기를 거둔 가을밤이 제법 쌀쌀하다. 반면 헬스장 러닝머신 위를 가르는 사람들의 발걸음은 어느 때보다 뜨겁다. 각자 달리다 보면 발 박자가 하나로 모여지는 순간이 있다. 속사정은 달라도 합을 맞춘 발걸음 앞에 연대감이 든다. 세대와 가치관이 다른 사람들이 모여 함께 뛰는 모습은 어릴 적 가을 운동회나, 함께 눈을 쓸던 마을공동체의 향수를 불러일으킨다. 요즘은 혼자 먹고 혼자 노는 개인주의 시대가 아닌가.

러닝머신 위를 한참 달리는데 왼쪽 다리에 힘이 빠졌다. 오른쪽 다리보다 보폭이 작아 얼핏 절뚝이는 것처럼 보였다. 그러고 보니 늘 왼쪽 신발의 뒷굽이 바깥을 향해 닳아있었다. 이제껏 두 발의 차이를 불편하게 여기지 않고 살아왔다. 달리기를 시작하자 이상한 습관이 밴 걸음걸이부터 다시 배워야 한다는 것을 깨달았다. 엉망으로 지은 토대 위에 그럴싸한 집을 올리고자 했던 게 부끄러웠다.

살면서 숨 가쁘게 달려오느라 놓친 것들이 하나둘 떠올랐다. 학창 시절에는 '중요한 시험'을 '우정'과 저울질했고, 직장에서는 '더 중요한' 성과를 위해 동료를 등한시했다. 성적표에 드러나는 숫자에 연연하느라 따끈한 아침밥을 해놓고 기다리던 가족의 헌신을 외면했다.

점차 목표에만 치우쳐 매 끼니 입으로 들어가던 음식의 정체를 알지 못했다. 손쉬운 음식이 쉬이 몸을 버리는 음식인 줄도 모르고 섭취했다. 그 시절 옷장에는 유행하던 옷들로 가득 찼다. 취향과 체형을 모른 채 뒤죽박죽 섞인 옷들은 끔찍한 수집가의 악취미로 전락해 버렸다. 타인의 평가나 기대에 그럴싸하게 부응할 수 있는 값싸고 쉬운 방법은 유행에 뒤처

지지 않는 옷을 입는 일이라 여겼다. 기본적인 것은 모두 학교에서 배웠다고 착각했을 뿐 실제로 사회에 나와보니 아는 게 없었다. 제설기에 등 떠밀린 눈덩이처럼 덩치만 크고 쓸모없는 어른이 되어버린 나에게 자문했다.

'왜 아무도 내게 귀띔해 주지 않았나…'

어른은 '서툰 아이'로부터 시작된다. 세월을 통과하며 '아이가 저지른 실패의 흔적'들이 나이테처럼 늘어간다. 이상하게도 낯 뜨겁고 부끄러운 반성의 순간을 밀고 나아가면 새로운 문 하나가 열렸다. 삶의 예기치 못한 국면 속에서 기회를 만나기도 한다.

요즘 나의 아침은 밤새 숙성된 요구르트를 확인하는 일로 시작된다. 살짝 흔들어보았을 때 찰랑거리는 소리 없이 고요하다면 잘 숙성된 것이다. 잘게 썬 과일과 견과류를 올려 단출하게 먹는다. 운동으로 잘 다져진 몸은 유행하는 옷을 입지 않아도 바깥으로 흐르는 선이 멋스러워 보인다는 사실도 알게 되었다.

몸을 부지런히 움직이며 배운 게 하나 더 있다. 사이클은 페달을 구르는 다리 못지않게 반대쪽 다리와의 힘의 분배와 균형이 필요하다. 덕분에 뭐든 치우치지 않게 살려고 노력했다. 한때 탐욕스럽게 읽어 치우던 독서의 양도 줄였다. 읽는 행위로 다양한 삶을 간접경험 할 수 있지만, 두 발로 얻은 경험을 바탕으로 한 해석의 차이는 비교할 수 없다. 채움과 비움, 습득과 깨달음, 말하기보다 듣기, 만남과 이별. 기우뚱했던 삶이 수평을 찾을수록 좀 더 자유로워진 기분이 든다.

이제 곧 생명이 땅속으로 들어가 깊은 잠을 자는 계절이 온다. 흙 속에서 콩알만 한 애벌레는 겨우내 웅크리고 잠을 잔다. 따스한 어느 날 나무를 타고 기어오르며 껍질을 벗기 전까진 자신이 매미라는 사실을 알지 못한다. 첫울음을 터뜨리기 전에는 자신의 소리로 여름을 채우게 되리란 사실을 알 수 없다. 한 해의 시작이 봄이 아니라 겨울인 이유를 알 것도 같다.

여름을 화려하게 수놓는 매미의 울음소리는 실은 차가운 혹한 동안 웅크리고 지내던 땅속에서부터 시작된다. 관대함으로 자신을 포용하는 일은 사랑의 시작이다. 어제 지나쳐온 '과오'와 앞으로 만나게 될 '실수'에 조금은 나긋나긋한 내가 되려고 한다. 삶은 낙수처럼 자꾸만 나를 낮은 쪽으로 내려가게 한다. 낮은 그곳에서 웅크리고, 다시 또 시작하는 법을 배워간다.

#1 삶

긴 여행의 끝엔 무엇이 남는가?

역마살은 한곳에 정착하지 못하고 여기저기 돌아다니게 되는 운명을 말한다. 한때 역마살이 낀 듯 여행에 집착했던 때가 있었다. 통장의 잔고를 대부분 여행 경비로 탕진하곤 했다. 낯선 이의 시선으로 찍은 여행 사진들은 수집벽처럼 SNS를 도배하곤 했다. 떠나는 이에게 여행은 어떤 의미였을까?

'travel(여행)'의 어원은 'travail(고통, 고난)'이다. 다른 고장이나 외국으로 떠나 고난이나 고통을 통해 직접 경험하는 행위에서 유래되었다. 교통수단이 점차 발달하면서 여행은

쾌락이나 오락을 소비하는 관광으로 탈바꿈했다. 대부분의 사람은 비슷한 삶의 방식 속에서 여행을 통해 타인과 구분 짓고 싶어 하거나, 혹은 각종 여행지 사진을 수집해 뿌듯함을 채우곤 한다. 그동안 여행을 탐닉했던 나의 모습도 다르지 않다.

여행을 갈구했던 마음의 기저엔 무엇이 있었을까? 여행은 '밖으로 떠나가는 행위'이다. 다르게 말하면 현재의 위치에서 도망치고 싶은 충동이 된다. 떠나고 싶은 마음은 '새로운 곳으로 향한 출발'이기도 하지만 '현재에서의 탈출'을 의미하기도 하니까. 한 개인을 둘러싼 사회적, 심리적, 관계적 요인들은 일상에서 탈출하고 싶은 충동을 유발한다. 사회생활 속 얽히고설킨 인간관계처럼 주로 밖에서 발생하는 요인들은 혼자서 컨트롤하는 게 쉽지 않다.

가장 빠르고 쉽게 해결할 수 있는 것은 물리적인 공간을 옮기는 것이다. 때론 여행이 삶의 흔적들이 덕지덕지 묻어나는 집이라는 곳을 탈출하고 싶은 요소로 작용하기도 한다. 그렇다면 긴긴 여행 끝에 되돌아오고 싶은 집을 만들면 된다.

지극히 주관적으로 집을 떠나는 행위만큼 돌아올 때를 대비하는 의식 역시 중요하다고 생각한다. 여행 전 시들게 될 식자재들을 냉장고에서 미리 꺼내 간단히 요기한다. 반납 기간이 촉박한 대여 도서들은 미리 도서관에 반납하고, 미뤄둔 빨랫감이 있다면 세탁 후 여행 짐을 싸는 데 적극 활용한다. 여행 짐들을 한눈에 확인하기 위해 바닥에 내려놓기 전 집 청소가 선행되어야 한다.

바닥을 나뒹구는 물건들을 제자리에 정리하고 탁자 위의 물 자국도 지워내면 손님 맞을 준비가 끝난다. 그 후 트렁크를 끌고 집 밖으로 나서는 발걸음은 홀가분하다. 여행을 마치고 돌아오는 날, 나는 이 집에 초대된 '손님'이 된다.

집으로 들어서는 순간 탄성이 흘러나온다. 정갈하게 정돈된 집 안을 둘러보며 실소와 함께 안도의 한숨이 나온다. '그동안 나란 사람은 이런 모습으로 살아왔구나…' 미술관에서 낯선 작품을 바라보듯 한 발짝 물러서면 지나온 삶의 흔적이 보인다.

주객이 전도되어 내가 내 삶의 관객이 되면, 너무 당연해서 잘 보이지 않던 일상의 실체가 하나의 상으로 맺히는 경험도 하곤 한다. 적당한 매트리스의 탄성과, 익숙한 점도와 향기의 샴푸를 짜서 바르고, 손에 닿는 곳마다 긴밀한 동선으로 짜인 집기 사이를 뛰어다니며 다시 찾은 일상의 행복을 되짚는다. 떠나는 설렘을 돌아오는 순간을 위해 조금 남겨둔 결과이다.

언제부턴가 유명 관광지를 뒤로한 채 한적한 동네 어귀를 거니는 게 좋아졌다. 작은 돌담에는 기후와 지리적 환경에 따라 독특한 특색의 꽃이 있다. 도보 여행을 선호하다 보니 한 장소에 오래 머물 수 있게 되었다. 점차 사진보단 오가는 발걸음과 눈에 직접 풍경을 담았다. 붉은 고무대야에 심어놓은 커다란 꽃이 신기해 한참을 바라보던 어느 날, 어르신들이 손수 이름을 알려주셨다. 그렇게 해당화와 접시꽃의 이름을 알게 되었다.

마르셀 프루스트Marcel Proust는 진정한 여행은 새로운 풍경을 보는 것이 아니라 새로운 시각으로 바라보는 눈을 갖는 것이라고 했다.[8] 여행과 삶이 전도되는 과정에서 겉으로 변한 게 없어도 나는 달라짐을 인지한다. 그동안 모른 채 살아왔던 감각의 새로운 통로가 확장된 기분이다. 새로운 경험이 쌓이며,

작은 것에도 감탄하고 감사하는 마음을 갖게 하는 것 또한 작은 성장이다. 도달하는 목적이 전부가 아닌 '여행길'은 어쩌면 '사는 일'과 다르지 않다. 다시 돌아갈 나만의 독립적인 공간이 기다린다는 것 또한 커다란 행복이다. 긴 여행의 끝엔 돌아갈 즐거움이 기다리고 있다.

머릿속에 떠오르는 생각은 진짜 내 생각일까?

어떤 이는 인생을 의미를 찾아가는 과정이라고 말한다. 나 역시 인생의 파편 속에서 의미를 찾기 위해 몸부림치듯 살아왔다. 무조건 쫓아도 보고 도망쳐 보기도 했다. 삶의 의미란 마치 연기와 같아서 손에 잡힐 듯하다가도 계속 모양새를 바꾸어갔다. '의미 찾기'는 무지개 끝에 숨겨진 보물을 찾는 아이처럼 따라갈수록 점점 멀어질 뿐 늘 허탕 치기 일쑤였다.

어떤 이는 온갖 고민과 죽을힘을 다해 '삶의 의미'를 찾았다고 했다. 또 다른 이는 찾지 못한 채 수많은 물음표와 함께 땅에 묻혔다. 바로 그 쇠락의 현장에선 새로운 생명들이 알록 달록 각자의 물음표를 쥐고 삶의 시작점에 도착한다. 마침내 '찾았다'고 안도의 한숨을 내쉬던 이들의 손에 들린 샴페인은 진짜였을까?

알베르 카뮈Albert Camus는 인간의 삶은 자연처럼 무의미하며, 우연히 발생한다고 주장했다. 이러한 주장은 《이방인》이란 작품 속에서도 드러난다. 그는 모순, 혹은 의미를 찾을 수 없거나, 의미를 찾았어도 무의미한 것을 '부조리'라고 했다. 주인공 뫼르소는 더 이상 사회적 규범에 맞춰 살아가지 않는 '반항'이란 형식으로 자유를 향해 나아간다.

'삶의 의미'가 없다면 존재하지 않는 존재를 찾으려 할수록 도리어 혼란이 발생한다. 물리에서 무질서한 정도를 나타내는 '엔트로피(무질서도)'라는 표현이 있다. 예를 들어 잘 정돈된 책상이 시간이 지남에 따라 점차 정돈되기보다 무질서해지는 것이다. 시간이 지날수록 엔트로피가 증가하는 경향은 자연의 근본적인 법칙에 속한다. 무질서는 점차 커져 확산해 간다는 열역학 제2법칙처럼 우리의 삶은 무질서와 혼돈 그 자체였는지도 모른다. 만약 인생이 아무런 의미가 없다면 사람들은 덧없이 계속되는 허무와 권태를 어떻게 이겨내야 할까?

역사를 되돌아보면 사람들은 언제나 이야기를 통해 결집하고 거기에 힘을 실어 가며 살아왔다. 인생의 의미가 담긴 이야기는 때로 신화나 역사가 되기도 하고, 정치나 종교가 되기도 했다. 그 의미를 묻던 수많은 철학자와 시인은 각자 저마다 다른 결론을 찾아냈다. 시간을 되돌려 생각해보자. 질서와 무질서, 진보와 보수, 사회주의와 민주주의, 자본과 노동, 실패와 성공 등 레디컬한 이념들이 서로 전복되는 틈바구니에서도 늘 존재해 온 건 '사람'이었다.

사람은 언어라는 도구를 통해 사고한다. 세상에 막 나온 아기들은 신의 언어를 사용한다고 한다. 신의 언어는 불교의 묵언수행처럼 침묵으로 지어졌다. 아기들은 언어가 없어도 사랑을 하고, 아침햇살의 따스함과 채도를 몸으로 기록한다. 이때의 현상은 때 묻지 않은 자신만의 감각과 경험들로 몸에 기록된다.

그 후 아이들은 자라며 말을 배운다. 그때부터 신성을 잃고 인간이 되어간다. 언어는 자신이 뿌리내린 사회와 역사 속에서 문화적 그림자가 덧입혀진 도구이다. 그러한 언어로 찾아낸 '인생의 의미'를 자신만의 고유한 생각이라고 확신할 수 있는가? 지금 사고하는 이 순간에도 아주 오래전 쓰고 남은 언어의 껍데기를 사용하고 있는 건 아닌지, 질문을 던져본다.

해가 지날수록 고유한 언어로 길어 올린 생각을 하고 싶다는 갈증이 난다. 중식의 달인에게 묵직한 그립감의 웍이 있다면, 일식의 달인에겐 날렵한 회칼이 있다. 잘 맞게 조여진 바이올린의 활과 현처럼 팽팽하고 긴장감 넘치는 사고의 세계를 결정짓는 건 무엇일까?

우리는 지금 디지털 정보 과잉 시대에 살고 있다. 개인이 운영하는 채널들이 다양해지면서 실시간으로 정보를 얻을 수 있다. 정보를 소비하며 사는 현대인들은 그 어느 때보다 머릿속이 생각들로 가득하다. 이런 때일수록 '더하기'보단 '빼기'를 잘하는 게 중요하다.

넘쳐나는 말들과 생각 속에 묻혀 자기의 고유한 생각을 구분한다는 건 쉽지 않다. 해묵은 통념과 고정관념에서 벗어나기 위해서는 다른 사람의 생각과 잠시 떨어져 생각하는, 덜어내기가 필요하다. 자연계에선 시간이 지남에 따라 무질서한 형태가 증가한다. 엔트로피를 줄이기 위해선 대가가 필요하다. 즉 '질서를 찾으려는 노력'을 통해 혼돈을 줄일 수 있다. 일상에서 무심코 수용되고 있는 정보나 질서들을 당연하게 받아들이기보다 스스로 냉철한 질문을 던져야 할 때이다.

텅 빈 곳이 공명이 더 큰 법이다. 그동안 부지런히 채우는 인생을 살아왔다면 앞으론 무던히 덜어내는 법을 고민해보자. 때 묻지 않은 순수함으로 되돌아가는 것, 마침내 욕망하는 마음도 조금 덜어내는 것, 더 나아가 순수의 기쁨을 길어 올리는 일이 마지막으로 남겨진 숙제는 아닐까? '알을 깨고 나오는 것'은 표현처럼 관습화된 고정관념을 부수고 스스로 길을 만드는 사람이 된다는 것이다. 새 생명의 탄생처럼 말랑말랑하고 유연한 사고로 돌아가 삶을 살자.

Q

돈은 자유일까, 속박일까?

소비는 어떤 의미가 있을까?

취향은 어디에서 온 것일까?

존재의 가치는 어디서 찾을 수 있을까?

마음에도 역치가 있을까?

어떤 초콜릿을 선택할까?

#2

욕망

돈은 자유일까, 속박일까?

돈을 번 사람들의 성공담이 쏟아져 나온다. 월척을 잡은 듯한 표정으로 '순수익 월 천만 원'을 번 사람들의 성공 비밀이 미끼가 되어 사람들을 끌어당긴다. 반면 나처럼 '돈으로 성공한 이야기'에 관심이 없는 문외한도 존재한다. 문외한이 된데도 나름의 이유는 있다. 안다고 해서 다 따라 할 수 없고, 무엇보다 마음이 쉽게 동요되지 않기 때문이다.

나는 어쩌다 돈에 대해 소극적인 태도를 갖게 되었을까? 사람들이 죽음을 터부시하듯 돈에 대한 은근한 터부가 존재하는 건 아닐까?

돈이라는 가치는 동전의 양면처럼 '현실적'이면서도 '추상적'으로 느껴진다. 사람마다 가진 돈에 대한 욕망은 다르기 때문이다. 개인적으로 돈은 있으면 편리하지만 없어도 무방하다고 생각한다. 여기서 '없어도'의 의미는 전월 생활 수준을 유지하는 것이다. 매월 일정 수준의 월급에서 아이의 양육비와 생활 주거비, 그리고 약간의 문화비를 제하면 통장 잔고는 0원이 된다. 부끄럽지만, 게으르고 안일한 한 인간의 현실이다.

부의 축적을 위해 무리하지 않는 생활에도 나름의 이점은 있다. 정해진 경제 규모에 맞춰 살다 보니 적게 소유하는 삶에 대한 부듯함이 솟아난다. 개인적으론 BMW나 비스포크 냉장고가 없어도 사는 데 아무 지장이 없다. 행복을 유지하는 데 드는 비용은 사람마다 천차만별이다. 각자 가진 욕망이란 그릇의 크기가 다 다르기 때문이다. 다이어트처럼 늘리기는 쉬워도 줄이는 건 어렵다. 매 순간 '떠오르는 욕구'와 '실제적인 필요'가 일치하는지 검증해 가는 실험정신이 필요하다.

《꽃들에게 희망을》이란 책에는 나비가 되고픈 애벌레들이 등장한다. 커다란 탑을 쌓으며 서로서로 밟고 위로 올라선다. 맨 위에 올라온 애벌레는 비로소 그곳에 아무것도 없다는 사실을 받아들임과 동시에 떨어지지 않고 버텨야 한다. 밑에선 새로운 애벌레들이 시시각각 자신의 자리를 노리고 올라오기 때문이다.

높은 곳에 오르는 비법은 실은 가장 낮은 곳에서 고치를 짓고 나비가 되어 훨훨 날아올라야 한다는 데 있었다. 중간에 끼인 애벌레들은 자기보다 높은 곳을 올려다보려 해도 그 끝을 볼 수 없다. 부자들 사이에도 수많은 계층과 레벨이 존재한다는 뉴스들이 책 속의 상황과 비슷하다. 나비가 되기 위해 낮은 곳에서 고치를 짓고 고독과 마주하는 건 성찰의 과정과도 닮아있다.

이야기 속 나비들과 달리 사람들은 자본주의 사회에 살고 있다. 물건이 대량 생산되며 인간도 자칫 소외되는 이곳에선 '소비가 곧 자기표현의 수단'이 되기도 한다. 어떤 물건을 샀는지가 계층이나 취향 따위를 증명한다.

#2 욕망

자본주의 사회에선 자본이 없으면 불편한 일들이 많다. KTX를 놓치고 무궁화호를 타고 부산에 간 적이 있다. 그때 피부로 느낄 수 있었다. 시간과 편리함 또한 돈으로 산다는 걸. 새로운 도전을 위한 투자나 잠시 쉬어가는 휴식기에도 재충전에 필요한 돈이 없으면 할 수 없는 일들이 많다.

그렇다면 과연 돈은 자유인가, 아니면 속박인가?

돈 이야기라면 한 달을 이야기해도 끝이 없을 것 같다. 돈으로 끝없는 욕망과 현실 사이의 갭을 줄일 수 있을지도 모른다. 결핍은 욕망을 채움으로써 빠르게 해소되기 때문이다. 그러나 이제는 결핍 그 자체와 마주해야 한다. 내가 가진 욕망이 '욕망 자체를 욕망'하는 것은 아닌지 매 순간 점검하는 태도가 필요하다. 우선 내가 가진 욕망이 무엇인지 알아차리기 위해 지나온 행동의 역사를 가만히 들여다보는 자세가 필요하다.

자본주의 사회에서 가난은 종종 '실패의 상징'이자 '극복의 대상'으로 비치곤 한다. 이제는 가난에 씐 프레임을 재정의해 보면 어떨까? '소유하는 것으로부터 자유로워질 수 있는 용기!' 부유함 없이 살 수 없다는 마음의 구속감을 내려놓고 여유에서 우러나오는 부를 누린다면 그때 비로소 돈은 우리에게 자유를 부여할 것이다.

#2 욕망

소비는 어떤 의미가 있을까?

　이건 얼마 전 알게 된 이야기이다. 마음이 허전하고 불안할수록 지갑을 털리기 쉽다는 사실이다. 핸드폰을 열고 SNS 속 시끌벅적한 사람들을 보면, 문득 고립감을 느낄 때가 있다. 풍요 속에서 소외감은 더 잘 자라나는 것 같다. 공허한 마음이 습기를 먹은 스펀지처럼 무겁게 가라앉는 날이면 삶이 참 허무하게 느껴지기도 한다.

　마침 기사를 읽던 휴대전화 한쪽이 반짝거렸다. 며칠 전 사려고 검색해 본 물건의 할인 메시지였다. 리뉴얼된 신기술에 깜짝 가격 할인까지 도저히 안 살 수 없어서 결제 버튼을 눌

렀다. 알고리즘의 노예가 낚싯바늘에 걸리고 만 것이다.

평소 나는 스스로 취향에 따라 브랜드를 비교하여 꼼꼼히 물건을 고르는 사람이라고 자부한다. 고른 물건은 다시 한번 가격 비교를 통해서 최저가로 선택한다. 이런 선택 과정과 행위는 한편으론 '자유로움'을 준다. 손안에 쥔 '권력감'을 대신 느끼게 하기 때문이다. 구매 버튼을 누름으로써 공허한 마음에 일시적으로 보상을 주는 것이다.

마음이 공허할수록 쉽게 결제 버튼을 누른다. '소소하지만 확실한 행복을 주는 소비'로 권태감은 달래졌지만, 무의식 속에선 아무런 변화가 없다. 미래에 대한 불안과 걱정거리는 그대로 굳건히 자리를 지키고 있다. 주위 사람들도 비슷하게 '소확행' 하며 사는 걸 보고 위안 삼고 방심했을 뿐이다.

소확행으로 채워진 보상은 값싸고 빠르게 다른 물품으로 대체된다. 그렇게 쌓인 소비의 결과물들은 혈관 속 순환을 막는 콜레스테롤처럼 일상에 압력을 높여갈 뿐이었다. 갈증은 더 많은 갈증을 만들어냈고, 결국 해소가 필요했다.

사람이 사는 물리적 공간은 이사하지 않는 한 늘거나 줄지 않는다. 그래서 무언가 비워져야 새로 채울 수 있다. 비워낼 수 있는 마음에도 용기나 결단력이 필요하다. 과거 자신이 무심코 행한 소비 행위를 스스로 부정해야 하는 일은 물길을 거슬러 오르는 것과 같은 저항감이 든다. 어제의 '쓸모'가 실은 '허영'이거나 '충동'이었음을 인정해야 하는 일이기 때문이다. 얼마 전 여기저기 적재되어 있던 물건들을 솎아 내서 이웃에게 나눔을 했다. 새로운 쓸모를 찾아간 물건들의 빈자리를 바라보니 흐뭇함이 차올랐다.

　마케팅은 점차 발달하며 개인의 삶에 섬세한 칼날처럼 공격적으로 파고들어 온다. 살면서 나도 모르게 맞지 않는 옷을 껴입고 살지 않는지 돌아보아야 할 시점이다. 인도의 문법학자 파탄잘리patanjali는 자기 자신으로 사는 사람이 결국 성공한다고 했다.[9] 고유한 자신으로 돌아가고 싶다면 그동안 습관처럼 입던 익숙한 옷을 벗는 용기가 필요하다. 결심과 시행착오의 과정을 통해 비로소 유연하고 몸에 꼭 맞는 새로운 옷을 걸칠 수 있다.

취향은 어디에서 온 것일까?

    매스미디어가 빠르게 변화하고 있다. 공들여 읽고 해석하는 텍스트보단 음악이 더해진 화려한 시각 영상매체가 더욱 사람들의 구미를 끌어당긴다. 스마트폰으로 보기 좋게 세로형으로 촬영된 짧은 동영상 '쇼츠'가 대표적인 사례이다. 유행처럼 빠르게 쓰고 소비되는 특징 때문에 점차 자극적으로 생산되어 간다. 진짜와 가짜가 모호하게 섞여있는 그곳에선 알고리즘을 통해 개인을 파악하기 쉽다.

    장 보드리야르Jean Baudrillard는 현대 사회의 소비문화와 상품화

된 사회 구조를 비판적으로 분석했다. 그는 《소비의 사회》에서 소비는 점차 한 인간을 표현하는 방식이 된다고 제시했다. 누군가 소비하는 사물이 인종이나 성별 혹은 계급을 대변할 수 있다는 것이다.[10]

공장에서 대량으로 생산된 제품의 소비로 인해 각 개인의 고유한 특징들이 사라지기도 하는데, 이는 결과적으로 대중문화와 광고를 통해 소비 자체를 초월하여 사회적인 메시지를 전달한다고 한다. 소비를 통한 욕망 충족은 개인의 자유와 창조성을 제한하고 집단을 통합하는 기능을 수반한다는 걸 의미한다.

가끔 나는 〈오늘의 집〉 애플리케이션을 이용한다. 그곳에선 원하는 콘셉트를 고르면 배치되어 있는 가구나 이불 혹은 식물까지 사진 속의 방을 원스톱으로 쇼핑할 수 있다. 소소한 인테리어 소품부터 공간 혹은 취향까지도 장바구니에 담을 수 있어 바쁜 현대인들에게 인기 만점이다. 정해진 취향이 없거나 쫓기듯 바쁘게 사는 사람들에게 고민하는 시간과 수고로움을 덜어준다.

신혼부부의 집들이에 참석한 어느 날이었다. 기다란 복도
를 지나 거실로 들어선 순간 입을 다물 수 없었다. '라탄 전등
갓'에서부터 '쉬폰 커튼' 혹은 '오로라 홀로그램 유리잔'까지
나의 생활방식이 그곳에서도 통째로 재현되고 있었다. '나만
의 고유한' 스타일이라 여겼던 유리같은 착각이 와장창 깨지
자 적잖은 충격이었다. 이것은 비단 한 친구와 나만의 우연이
었을까?

　　우리는 '자신만의 고유한 생각대로 삶을 살아가고 있다.'라
고 착각할 때가 많다. 실은 정교하게 설계된 대량 생산과 마
케팅에 걸려들어 타인들과 철저하게 똑같은 행동을 하고 있
었던 내가 개미만 하게 느껴진다. 쌀 한 톨의 먹이를 들고 일
렬로 쭉 늘어선 개미 떼 중에서도 가장 충실한 일개미 말이
다. 소비 자체가 나쁘다고는 생각하지 않는다. 소비를 통해
욕망과 존재감도 사는 시대 아닌가.

　　중요한 것은 소비 이전에 욕구가 어디에서 나온 것인지 점
검해보는 태도이다. 소비 욕구는 개인 고유의 필요에 의해 내
부에서 나오기도 하지만 대부분 외부에서 자극된다. 소비 이

전에 나를 알아차리는 일이 필요하다.

물건을 구매함으로써 내가 채우고자 하는 대상은 무엇인가?

때때로 필요와 욕구가 일치하지 않는 경우도 있다. 나의 고유한 욕구를 알아채고 기꺼이 지갑을 열어 구매 후 아끼며 보살피는 일까지가 전부 '소비의 전 과정'이다. 쉽게 변질되고 대체될 수 없는 나만의 소비 목록을 작성해보는 일부터 시작하는 건 어떨까?

이제 기업들은 한 단계 나아가 욕구를 생산하고 판매한다. '비건 상품', '미니멀을 위한 정리 용품', '환경보호를 위한 요일별 에코백 7종 세트', '각인 텀블러' 등 새로운 구매 트렌드가 떠오르고 있다. 구매자는 '미니멀을 위한 정리 용품'으로 미니멀리즘한 인테리어 효과를 누리거나 비건 상품을 구매함으로써 '채식주의자 이미지'를 가질 수 있다.

지구온난화와 해수면 상승 등 생태계 오염을 막기 위해 제로 웨이스트를 실천하려는 노력은 또 다른 구매시장을 만든다. 텀블러 사용이 그 예이다. 놀랍게도 종이컵 대신 텀블러를 생산하고 폐기하는 과정에서 발생하는 온실가스와 텀블러 세정제가 도리어 환경오염을 유발한다는 연구 결과가 있다.

이러한 현상을 공이 바닥을 튕기고 올라가는 것에 비유한 리바운드 효과라고 한다. 환경을 위해 실천한 행동이 오히려 악영향을 끼치게 될 수 있는 상황이다. 진정한 제로 웨이스트는 텀블러를 디자인이나 멋에 따라 구매하는 행위보다 하나의 텀블러를 소량의 세제로 씻으며 오래 사용하는 태도이다.

스테인리스 재질로 된 텀블러는 최소 1,000번 이상은 써야 환경보호 효과가 있다고 하니, 다 낡은 텀블러의 외관이 진정한 제로 웨이스트를 증명해주는 건 아닐까? 늘 구매 이전에 고민하고 의심하는 소비자의 현명함이 필요하다.

어떤 제품을 소비하고 사용하는가에 따라 사용하는 이의 취향이나 정체성이 드러난다. 울화병이나 갱년기처럼 의료산업에서 비의학적으로 여겨지던 인간의 문제가 새로운 질병이나 질환 등 의학적 문제로 정의될수록 환자가 늘어나듯, 시장에서도 새로운 취향이 많아질수록 소비자가 늘어나는 추세다.

#2 욕망

구매 버튼을 누르던 나의 선택이 어디서부터 어디까지 나의 고유한 생각인지 고민해볼 필요가 있다. 존재하므로 소비하는 것일까, 소비하므로 존재하는 것일까? 고민과 심사숙고가 깃든 성숙한 소비로 오래도록 여운이 남는 만족을 누려보자.

존재의 가치는 어디서 찾을 수 있을까?

별다른 것 없는 일상을 살다가도 몸이 무겁고 감각이 예민 해질 때가 있다. 그럴 때면 매일 똑같이 반복되는 수동적인 삶이 고통으로 느껴지곤 한다. 정해야 할 이성적인 선택들이 언제부터인가 외부에 따라 그저 흘러가던 순간도 있었다. 어떻게 살아야 주도적인 사람이 될 수 있을까?

젊은 시절, 일에 빠져 모든 걸 잊고 살았던 날이 있었다. 똑 같은 날을 반복하던 그때의 기억들은 바쁘게 지나간 속도만 큼 빠르게 잊혔다. 효과가 빠른 진통제처럼 고통과 허무를 잊게 해주었다. 아르바이트 계약직을 시작했던 그때 일상은 퇴근하면 쓰러져 자고, 일어나면 출근을 반복했다. 마감을 맞추다 보면 끼니를 해결하는 것도 여의찮은 단순노동의 날들이었다.

부모님으로부터 독립해 일어서기 위해서 악착같이 일했다. 돌이켜보니 그땐 적어도 마음이 불안하지 않았다. 당장 오늘 하루를 살기 바빠서 먼 미래의 계획이나 추상적인 생각들에 붙들릴 여유가 없었다. 그 시절, 불안에서 탈출하는 의외의 방법은 미친 듯 일에 몰두하는 것이었다. 일에 파묻히는 것은 복잡한 삶의 통증을 줄여주는 진통제 역할을 하곤 했다. 나아가고 있다는 생각에 팔다리가 부서질 것 같아도 뿌듯했다.

통장에 쌓이는 돈을 보며 이자처럼 뿌듯함이 불어났다. 청년들은 돈이 동기부여 요소로 작용해 현 상태를 나아지게 하는 것을 이른바 '금융치료'라고 부른다. 의지로 쌓아온 결과물이 수치로 환산되는 과정을 지켜보는 건 나름 흡족했다. 생각보다 돈이 정신에 미치는 힘은 강력했다. 친구들과의 만남도, 가족들과의 모임에서도 점차 멀어지는 나를 발견했다.

존재의 '사회적 가치'를 확신시켜 주던 돈의 효과는 그리 길지 않았다. 일하는 동안은 발목에 사슬이 묶인 듯 그 어느 곳에서도 자유롭지 않았고 흥미롭지도 못했다. 나무에 오랫동안 묶여있던 낙타는 풀어줘도 달아나지 않는다는 이야기처럼 말이다.

퇴근 후의 삶도 '다음날 출근'이라는 그림자 속에서만 움직일 수 있었다. 점차 일상이 '퇴근 시간이 정해진 감옥'에 갇힌 기분이 들었다. 더 이상 무엇을 해도 어린아이처럼 즐겁지 않았으며, 얼굴에선 표정이 사라져갔다. 인식하지 못하던 사이 어깨뼈는 안으로 굽고 심장이 두근대는 신체적 증상들이 대신 말을 건네듯 신호를 보내왔다.

일터에 육체적 에너지와 정신적 에너지를 모두 쏟아붓고 돌아온 집에서의 나는 껍데기만 남은 것 같았다. "그냥 쉬고 싶어."를 입에 달고 살았다. 푹신한 토퍼 위에 앉아 리모컨을 손에 들고 채널을 돌리며 맥주를 들이켜던 시간만이 하루 중 가장 달콤한 보상이었다. 좋아하던 기타로 새 음반을 연주하거나 피규어를 조립하는 것조차 귀찮았다. 오늘 하루 고생했으니 남은 시간은 흥청망청 쓰며 자신을 위로하고 싶었는지도 모른다. 그때 소비한 휴식이라는 녀석의 정체는 대체로 '생산적인 것'보단 '수동적인 것'이었으며, '새로움'보단 '익숙함'을 선택했다.

얼마 전, 기사를 보았다. 최근 외국계 기업에서 면접 때 "퇴근 후 취미가 무엇인가요?"라는 질문을 하는 게 추세라고 한다. 회사에 출근하면 근무시간 동안 누구나 열심히 일한다. 차이는 있겠지만 결국 해내는 총량은 비슷하다는 게 업계의 설명이다.

인재를 가르는 드라마틱한 차이는 퇴근 후 발생한다. 퇴근 후에 갖는 취미생활이 십 년 혹은 이십 년이 지나면 어마어마한 차이를 만들어낸다. 그때 맥주를 마시며 리모컨을 돌리던 시간 대신 좋아하는 일들로 채웠더라면, 지금쯤 제2의 꿈을 찾아 달려가고 있지 않았을까? 단순한 태도의 변화가 행동의 차이를 가져오고, 작은 습관은 결국 인생을 바꾼다.

마흔이 좋은 건 이제껏 살아온 인생의 역사를 통해 자신을 돌아볼 여유가 생긴다는 점이다. 그때 이후로 달라졌다. 생의 고비는 여전히 계속되고 있지만 때마다 찾아오는 변곡점 속에서 '성장하는 내 모습을 바라보는 것'은 월급으로 해결할 수 없는 존재 이유가 된다.

잠시 멈춰 서서 지금 서 있는 곳을 둘러본다. 땅을 기어다니던 애벌레에서 나무 위에서 고치를 짓고 나비가 되어 날기도 한다. 새로운 위치에 도달하면 세상이 또 다른 각도로 보인다. 조금 느리더라도 새로운 눈으로 바라볼 때마다 달라지는 세상 풍경이 이젠 은근한 기대마저 든다. 한 걸음 한 걸음 걸어온 길을 돌아보았다. 아무 의미 없는 걸음은 없었다.

인간이란 존재의 가치는 정체되지 않고 나아가는 모든 걸음 속에 있다. 대체 의학에선 발을 제2의 심장이라고 한다. 발바닥에는 인체의 각 기관과 연결된 반사신경이 밀집되어 있는데, 이를 반사구라고 한다. 그래서 걷기의 중요성을 강조한다. 걸음은 어찌 보면 '생을 향한 의지의 작은 실천'이다. 질문에서 길어 올린 내면의 이야기를 귀담아듣기 위해 퇴근 후 운동화를 신는다.

다리는 저릿하고, 땀을 뻘뻘 흘리며 걷다 보면 어느새 앞서 가는 사람들에 대한 질투나 욕망이 비워진다. 공기에서 느껴지는 온도와 습도, 바람의 청량함. 하늘 위로 계절이 지나가는 것을 느끼고, 걷고, 먹고, 경험하는 모든 순간 속에 살고 있는 자신을 마주할 수 있다. 중요한 것은 속도가 아니라 올바로 된 목적으로 향하는 방향이다. 멈추지 않는 걸음은 삶의 기본자세이자 사랑이다.

마음에도 역치가 있을까?

역치란 생물이 외부 환경, 즉 자극에 대해 어떤 반응을 일으키는 데 필요한 최소한의 자극 세기다. 쉽게 말해서 '감각세포에 흥분을 일으킬 수 있는 최소의 자극 크기'를 말한다. 같은 크기의 자극을 지속해서 받으면 역치가 올라가 더 큰 자극을 주기 전에는 자극을 느끼지 못한다고 한다.

예를 들어 새로운 옷으로 갈아입으면 그 즉시 촉각을 느끼지만, 시간이 지나면 옷이 피부에 닿는다는 느낌이 없어진다. 그렇다면 이러한 역치의 법칙은 마음을 자극하는 감정에도 나타날까?

#2 욕망

맛있는 음식을 먹거나 땀 흘려 운동할 때 주관적인 기쁨을 느낀다. 이것은 주로 일차원적인 육체적 즐거움이다. 그와 달리 좋아하는 친구를 만나거나 기대하던 일을 성취했을 때도 기쁨을 느낀다. 또한 매일 반복되는 삶이 쳇바퀴처럼 느껴질 때면 마라톤이나 공모전 등 감당할 수 있는 도전을 찾아 몰입하는 것도 즐겁다. 몰입의 기쁨은 불안과 걱정을 잠재워주는 순수한 기쁨인 것 같다. 이러한 행복의 순간에도 역치가 느껴지곤 한다.

오래 기다려 마주한 행복도 다음엔 더 높은 강도를 원하거나 다른 행복을 찾아야만 했다. 배스킨라빈스에 길든 입맛에 학교 앞 문구점에서 사 먹던 아이스바의 달콤함이 더 이상 황홀하지 않은 것처럼 말이다. 행복이란 감정도 적응이 되면 순간적인 기쁨만 남는다.

한 연구자가 복권 당첨자의 행복 수준을 관찰했다. 그 결과, 한 달 정도가 지나면 당첨자의 놀라웠던 행복 수준도 적응 과정을 통해 평상시로 돌아온다고 한다. 반대로 사고를 통해 장애를 입거나, 실패로 커다란 불행에 빠졌을 때도 일정 기간이 지나면 다시 상승한다. 우리의 몸이 생존을 위해 항상성을 갖듯 우리의 마음도 격정에서 벗어나 돌아가려는 자연적인 의지를 지닌 게 아닌가 하는 생각이 든다.

"어린이 여러분, 커서 어떤 사람이 되고 싶나요?"

어릴 적, 이 질문에 자동으로 떠오르는 답이 있었다.

"저는 행복한 사람이 되고 싶습니다!"

대통령이라고 대답한 친구보다 덜 야망적으로 보이며 기업 CEO라고 대답한 친구보단 평화주의자로 보여 썩 마음에 들었다.

그런데 어른이 되고 보니 '더 행복해지려는 매일의 노력에 되레 지치는 날'이 많아졌다. 나란 사람은 행복한 사람이 되어야 존재의 의미가 있는데, 되돌아본 일상 속엔 행복의 휘발성이 너무 짧았다. 그때는 미처 몰랐다. 행복이 나아가야 할 삶의 종착지가 아니었다는 사실을 알기에는 어렸다.

어느새 행복은 삶의 종착역을 향하던 자동차가 지치지 않기 위해 잠시 들려가는 주유소가 되어갔다. 살면서 하고 싶은 일도 많고, 이루고 싶은 일들도 많아졌다. 행복은 욕망과 현실의 싸움 속에서 나아가게 하는 힘을 주었다. 살면서 고꾸라지게 만드는 시련과 고난의 순간들도 많았다. 그때마다 행복은 포기하지 않는 힘을 주었다. 멈추지 않고 나아가도록 끌어주는 힘이 되었다. 이러한 행복의 순간들이 계속해서 나아갈의지를 자극했다.

인생은 커다란 의미에서 움직임이다. 삶은 '나아가려는 태도' 그 자체이다. '멈추는 것'은 쇠퇴와 죽음을 의미한다. 사람들은 죽음의 이미지에서 파생되는 두려움들을 껴안은 채 살아간다. 생에 대한 집착은 두려움을 넘어 현재 가지고 있는 것들을 손에서 놓칠까, 아까운 마음이기도 하다.

실제로 죽음의 두려움은 오늘의 나를 당장 해할 수 없다. 하루가 하나의 생이라면 긴 밤의 터널을 지난 다음 날 아침은 탄생의 순간과 같다. 말갛게 떠오른 태양 아래 막 잠에서 깨어난 몸은 어제와 비슷하지만, 다른 온도와 빛깔을 지녔다.

오늘 하루 새로운 생명을 부여받은 사람에게 죽음은 어두운 그림자를 드리울 수 없다. 오직 죽음의 찰나만이 존재할 뿐이라는 생각은 욕망과 두려움을 내려놓게 도와준다. 철학자들은 죽음을 터부시하지 말고 가까이 두라고 한다.

두려움은 행복의 가장 큰 걸림돌이다. 두려움에서 벗어나야 온전한 행복을 누릴 수 있다. 바다와 같은 사랑 또한 두려움을 잊게 한다. 타인은 나를 돌아보게 하는 거울이다. 사람들은 관계 속에서 비로소 자신을 올곧이 이해할 수 있다. 다양한 연대 속에서 완전한 사랑으로 단단해진 용기는 두려움을 이기게 한다.

행복과 돈의 관계는 어떤가? 매슬로의 욕구 5단계가 떠오른다. 1단계인 생리적 욕구는 인간이 기초적인 기능을 영위하기 위한 필수 불가결한 욕구로, 음식, 산소, 수면 등 본능이 차지한다. 2단계는 공포나 불안, 혼동으로부터 벗어날 안전의 욕구이다. 아래쪽에 있는 욕구들을 만족하기 위해선 기본적인 생활을 위한 돈이 필수적이다. 이때 돈은 생존과 직결된다. 하지만 '필요 이상으로 탐닉하는 것'은 '행복의 역치를 높이는' 결과를 가져온다.

부유한 삶이 당연한 조건이 된다면 더 적은 것으로도 행복하거나 만족하며 살아가는 능력을 잃어버리게 된다. 행복의 역치가 높아질수록 더 세고 강한 자극 처방전이 필요할지도 모른다. 오감을 열고 다가오는 세상에 감탄하고 감사할 줄 아는 삶은 생각보다 가까이 있을지도 모른다.

기쁨만 좇다 보면 고난을 기피할 수 있다. 고난은 혼자서만 오지 않는다고 한다. 감당할 수 있는 정신적인 역경은 내면의 성장을 가져오기도 한다. 그런데도 마음의 항상성을 잃지 않으려는 노력은 삶의 곳곳에 준비해 두어야 할 구호품이 아닐까? 마음의 격정적인 동요가 없는 상태, 즉 평정심 말이다. 물 흐르듯 사는 삶의 자세는 마흔을 앞둔 이들에게 남겨진 또 하나의 숙제인 듯하다.

어떤 초콜릿을 선택할까?

오래전에 개봉한 영화 〈포레스트 검프〉를 다시 보았다. 남들보다 조금 떨어지는 지능을 가진 외톨이 주인공이 평범한 사람들과 섞여 좌충우돌 인생을 헤쳐나가는 모습이 인상적이다.

달리기를 잘하는 검프에게 인생은 마라톤과 같다. 검프는 어떤 일을 시작할 때 걱정이나 고민이 앞서기보다 무작정 발이 먼저 앞장선다. 일단 겪어본 후, 생각이나 판단은 그다음에 한다. 딱히 미래에 대한 결심이나 계획이 없어 보이던 그는 현장에서 직접 몸으로 겪으며 성장해간다. 그에게 있어서

삶의 지혜는 '배우는 것'이 아닌 '체득을 통해 습득하는 것'
이다.

어느 날 벤치에 앉은 주인공이 다양한 초콜릿이 든 상자를
들고 말한다.

"엄마가 인생은 초콜릿 상자 같은 거라 하셨어요. 어떤 초
콜릿을 먹게 될지 모르니까요."

내게도 이러한 경험이 있다. 홍콩에 갔을 때였다. 관광지에
서 길을 헤매다 좁은 골목에 들어섰다. '금강산도 식후경!'을
외치며 눈앞에 있던 허름한 식당 문을 무작정 밀고 들어갔다.
홀 안에는 관광객이 전무했다. 당연히 메뉴판에서 영어 표기
나 음식 사진을 찾아볼 수 없었다. 라면땅을 바닥에 흩뿌린
듯 꼬불거리는 글씨뿐이었다.

메뉴판을 들고 객관식 답을 찍듯 고른 음식 두 개가 나왔다.
고슬고슬한 흰쌀밥을 한 수저 뜨고 경악하고 말았다. 흰 닭발
이 공깃밥 안에 쏙쏙 박혀있었다. 한국인에게 돌솥 영양밥이

있다면, 그 음식은 '닭발 영양밥' 정도 되었던 것 같다. 또 다른 음식은 다행히 갈비찜과 비슷했다. 가운데 뼈가 달린 고기를 한 입 베어 무는 순간 갈비의 맛을 지닌 족발의 식감이 느껴졌다. 휴대전화를 뒤져 알게 된 요리의 정체는 '돼지 꼬리찜'이었다.

할머니 댁에 갔을 때 짧은 꼬리를 흔들던 분홍 돼지가 떠올랐다. 새로운 음식 문화 경험도 여행의 일부라는 생각으로 굶주린 배를 채우기 시작했다. 다 먹고 나자, 닭발 영양밥의 향기가 입 안에서 달큰하게 맴돌았다. 돼지 꼬리찜의 찰진 식감은 지금도 잊을 수 없다. 점차 여행지에서 '계획하지 않은 낯선 경험들에 몸을 던져도 괜찮겠다.'라는 안도감이 들기 시작했다.

그 후 엑셀 파일을 빼곡히 채워간 관광지나 맛집 리스트를 전부 비워내는 용기를 얻었다. 일단 부딪쳐 보는 포레스트 검프처럼 '나도 모르게 한 선택'들이 여행의 설렘과 긴장감으로, 또 다른 묘미가 되었다.

#2 욕망

인간에게 가장 기본적인 권리는 '선택할 자유'일 것이다. 그렇다면 삶은 '스스로 선택한 자유를 책임지며 앞으로 나아가는 여정'이 된다. '인생 역' 대합실에 서서 어떤 열차를 탈지 선택하는 모습이 떠오른다. 선택권은 자신에게 있다. 개인의 '자유' 의지로 열심히 고른 열차를 탄 후에는 언제나 '책임'이라는 지급 절차가 따른다. 때로는 그 금액이 예상보다 저렴하거나 감당할 수 없이 비싸기도 할 것이다. 하지만 열차는 앞을 향해 정해진 속도와 방향대로 꾸준히 나아간다. 이때부터 삶의 경로에 따라 차창 밖으로 펼쳐지는 풍경은 달라진다.

　대합실에서는 늘 새로운 열차가 오고 또 간다. 열차를 기다리는 일은 마치 관계 맺기와도 같다. 한때 곁에 있던 사람이 열차를 타고 떠나면 또 다른 새로운 사람들이 정류장에 내린다. 머물고 갈아타기를 반복하지만 모두 여행자라는 모습은 비슷하다. 약간의 불안감과 기대와, 설렘이 두 볼에 새겨져 있다.

　그 안에서 관계 맺기에 서툴던 나는 늘 '좋은 게 좋은 것'이라는 식의 만남을 지속해왔다. 매 순간 타인에게 상처 주지 않으려 살피고 노력한 일들이 정작 목을 조여 오는지도 모른 채 말이다. 관계의 부담감은 점차 종착역을 잃은 열차처럼 사람들 사이에서 날 부유하게 만들었다. 관계를 맺는 일 속에도 내 선택의 자유가 존재한다는 걸 잊고 살았다.

다가오는 모든 이들을 곁에 붙잡아 둔다는 건 사실 욕심이다. 때에 따라 관계에도 덜어내기가 필요하다. 자신에게 점차 정직해질 것을 선언한다. 관계에 앞서 스스로를 돌보는 에너지는 결국 밖으로 흐르고 넘쳐 관계를 돌보는 힘이 될 것이다.

가족이나 친구, 동료 등 나를 둘러싸고 있는 모든 인연 속에서 스스로를 편안하게 돌볼 줄 아는 괜찮은 사람이 되어보자. 지금 많은 이의 손안에 다양한 맛의 초콜릿 상자가 쥐어져 있다. 스스로를 돌보고, 선택하고, 책임지는 자유로움 속에서 초콜릿의 맛과 향기를 진하게 사랑하는 법을 배워간다.

Q

우리의 웃음은 타인에게 어떻게 보일까?

결혼으로 사랑을 소유할 수 있을까?

자신을 완벽하게 속일 수 있을까?

몸과 마음은 어떻게 이어져 있을까?

결함은 인간을 나약하게 만들까?

집에 깃들어 있는 신이 있다?

절망의 반대말은 무엇일까?

위기는 위대한 기회다?

자기효능감, 높다고 무조건 좋을까?

사회적 자아와 본질적 자아, 무엇이 진짜일까?

#3

마음

우리의 웃음은 타인에게 어떻게 보일까?

얼마 전 가판대에서 스마일이 그려진 그립톡을 구매했다. 헤벌쭉 웃는 미소에 덩달아 기분이 좋아지게 만드는 캐릭터였다. 홀린 듯 지갑은 열렸고, 녀석의 영역은 마구 증식했다. 어느새 스마일은 휴대전화 케이스, 키링, 티셔츠, 심지어 양말 위에서도 웃고 있었다. 그 후로 소위 덕질이 시작되었다. 어느 날 길가에서 마주친 이에게서 같은 덕질의 향기가 느껴졌다. 그 사람의 젤네일과 문신 위에서 스마일이 웃고 있었다. 대체 이 작고 동그란 얼굴이 주는 위안은 무엇일까?

웃고 있는 스마일의 표정에서 영화 〈캐스트 어웨이〉의 윌슨이 떠올랐다. 비행기 사고를 당한 톰 행크스는 무인도에서 홀로 살아가게 된다. 그를 무인도에서 4년 동안 버티게 해주었던 필수품은 다름 아닌 배구공, 윌슨이었다. 그는 어느 날 우연히 피 묻은 배구공에 이목구비를 그려 넣어 생명을 불러일으켰다. 무인도라는 불모지, 최악의 상황에서도 윌슨은 늘 모나리자의 온화한 미소를 짓고 있었다. 톰 행크스는 그런 윌슨에게 자기 이야기를 하며 무인도 생활을 버틴 것이다.

얼굴 근육을 끌어당겨서 만드는 웃음에는 어떤 특징이 있을까? 웃음은 언어와 국경을 초월한다. 만국 언어가 있음에도 웃음은 통한다는 공통성이 있다. 또한 웃음은 강한 전염성이 있다. 사람들은 다른 사람과 함께 있을 때 더 많이 웃는다고 한다. 흔히 코미디 쇼를 보면 웃음 트랙이 등장한다. 인공적인 웃음소리를 사운드트랙으로 담아내는 것이다. 이는 다른 사람의 웃는 행위를 공감하고 모방하는 특징을 이용한 것이다. 사람들은 심지어 잘 웃는 사람을 보면 매력적이라고 생각한다. 옛말에 '웃으면 복이 와요.'라는 말도 있지 않은가.

웃음은 모르핀 300배의 효과.

웃음은 정서적 고통과 스트레스를 경감시킨다. 또한 내장 활동을 활성화해서 면역체계를 상승시켜 준다. 요즘은 웃음 가스를 통한 치과 진료도 받을 수 있다. 아기들은 언어를 배우기 훨씬 전인 생후 2개월부터 웃기 시작한다. 어린이들은 하루 평균 400번 웃고, 어른들은 평균 8번 웃는다고 한다. 몸과 마음이 성장할수록 점차 웃음이 사라진다니, 좀 서글프다.

니체에 의하면 어떻게 웃는가에 따라 인간성이 드러난다고 한다.[11] 예를 들어 어떤 경우에 어떤 방식으로 웃는지, 멸시하며 웃는지 기묘함으로 웃는지, 혹은 무엇을 재미있어 하는지 등. 웃음이 터지는 찰나의 순간은 미처 인위적인 노력으로 통제하기 어렵기 때문이다. 평소 속을 알기 어려운 상대의 내면도 웃음소리를 통해 드러난다.

"건강한 몸에 건강한 정신이 깃든다."라는 말이 있다. 이는 정신과 신체는 동전의 양면처럼 유기적으로 작용하는 하나의 주체라고 주장하는 심신일원론을 떠올리게 한다. 철학적 사고와 생물학적 사고가 일치한다는 것은 어찌 보면 진화를 거듭하면서도 남겨진 생존의 본능은 아닐까?

　행복해서 웃는 걸까, 웃어서 행복해지는 걸까?
　인과관계에 앞서 웃음이 정서와 신체에 좋은 영향을 미치는 건 확실하다. 너털너털 웃는가, 호탕하게 웃는가. 어떻게 웃는지 도통 모른다고 해서 웃는 데 겁낼 필요는 없을 것 같다. 웃음이 터지는 순간을 거울삼아 그대로의 모습을 점검해 보는 수단으로 삼을 수 있으니까 말이다.

결혼으로 사랑을 소유할 수 있을까?

　가끔은 뜨겁게 연애하던 시절이 그립다. 길거리에서 서로 딱 붙어있는 젊은 연인들의 눈빛만 보아도 그 설렘이 전염되는 것 같다. 연애라는 건 일종의 가능성 게임 같다. 상대방이 자신을 얼마나 사랑하는지 맞히는 확률 게임에서 매력적으로 보이기 위해 더 애를 썼던 것 같다. 데이트를 나설 때면 옷장에서 최고급 옷을 꺼내 입고 목소리에도 더러 신경을 쓰게 된다.

　혼인신고서에 도장을 찍자 비로소 배타적인 '내 사람'이 되었음을 실감하게 된다. 결혼생활을 지속할수록 떨리고 설레는 감정보다 햇살 같은 따스함이 관계 속에 온기로 스며들었다. 신뢰감은 곧 편안함이 되고 태도에도 영향을 준다.

결혼이라는 건 공통의 숙제를 풀어가는 과정이다. 대부분의 사람은 열심히 돈을 모아 집을 장만하고 아이도 낳아 기르는 등 수순을 밟는다. 지극히 개인적인 감정에서 시작된 사랑이 결혼을 토대로 하나의 가족 단위를 꾸려나간다. 이때부턴 사회 전체의 구성 요소가 되는 것이다. 결혼은 나란히 걸어가는 여정이다. 여전히 서로에게 사랑을 확인하고 정복하는 것에만 에너지를 쏟는다면 삶이 좀 피곤할 것도 같다. 결혼 후의 사랑은 좀 더 부드럽고 잔잔하면서 포용적인 모습으로 바뀌어 간다.

신뢰감,
안정과 지지,
안락 쿠션 같은 편안함,
둘만의 정적(silence)이 불편하지 않은 사이,
무조건 응원해줄 수 있는 사이,

존재만으로도 위로가 되어주는 사이,
함께 동고동락하는 전우애.

동전에 앞면과 뒷면이 늘 함께 붙어있는 것처럼 편안함에
는 두 얼굴이 있는 것 같다. 이 세상에서 가장 편안한 사람은
이런 사람이 되기도 한다.

애써 꾸미거나 격식을 차리지 않아도 되는 사람,
조금 못난 면을 보여도 기꺼이 이해해주는 사람,
사랑한다는 말을 늘 당연하게 해주는 사람,
어쩌다 찾아오는 저녁 약속에 밀려도 이해해주는 사람 등.

편안함 덕분에 웃고 때로는 편안함 때문에 운다. 열매로 맺
은 결혼생활의 사랑에는 얼굴이 여러 개인 것만 같다. 결혼이
란 뭘까? 국가가 존립하기 위해 세금을 부과하는 가장 기본
이 되는 가족을 구성하는 장치이다. 동시에 상대방에게 '배타
적인 사랑의 소유권'을 주장할 수 있다. 이 당연한 권리가 때
론 관계의 태만이나 권태를 가져오기도 한다.
오래도록 사랑을 유지하는 비결은 '사랑은 소유할 수 없다.'

라는 사실을 의식하는 일부터 시작된다. '사랑'은 동사이기 때문이다. 사랑은 생동하는 행위의 순간 속에서만 숨을 쉰다. 사랑은 예쁘게 바라보아 주고 매만지며 자꾸만 새롭게 솎아내는 행위이다. 관념 속 대상이 아닌 상대방에게 건네는 관심과 행위 속에서 유효하다.

사랑이 담긴 눈빛으로 눈을 맞추고,
존경을 담은 말투로 상대를 존중하고,
당신이라는 대상을 응원해주고,
둘 사이에서 불어난 사랑을 가정과 아이들에게 스며들게 하는 것.

사랑은 둘이 하는 일이기에 언제나 어렵다. 서로에게 눈길을 떼지 않고 천천히 속도와 호흡을 맞춰야 하기 때문이다. 요즘 기술 문명 사회에서는 '결혼은 필수'라는 인식이 깨어지며 혼자 사는 비혼이나 늦게 결혼하는 만혼이 늘고 있다. 앞날에 대한 불안감이 더해져 일부 MZ세대들 사이에선 연애조차도 귀찮아하는 경향을 나타내고 있다. 혼인 감소는 자연히 출산율 저하를 가져와 국가 경쟁력을 뒤흔드는 위험 요인으로 작용한다.

인공지능을 중심으로 한 제4차 산업혁명의 시대. '초지능', '초연결', '초융합' 사회는 그동안 제한되었던 인간들의 물리적·공간적 한계를 해소해 준다. 사람들은 점차 기존의 집단주의적 사고에서 벗어나 국가를 뛰어넘어 전 지구적인 초경쟁 사회로 진입하고 있다. 이에 따라 개개인의 역량과 경쟁력이 그 어느 때보다 중요해진다. 이러한 변화의 바람은 '1인 가족', '비혼 가족' 등을 가져올 것이다.

그러나 새로운 변화의 바람에도 불구하고 변치 않는 가치가 있다. 역사의 변화와 태동기에도 늘 그곳에는 '사람' 그리고 '사랑'이 있었다. 빠르게 급변하는 시대의 불확실성으로 그 어느 때보다 미래를 예견하고 대비하기 어려운 지금이다. 어두울수록 빛은 더 빛난다. 멈추지 않고 삶의 전반에 흐르도록 '사랑하는 일'에도 마중물이 필요하다.

자신을 완벽하게 속일 수 있을까?

    살다 보면 어쩔 수 없이 마음을 숨겨야 하는 순간이 온다. 때에 따라 '불편한 마음속 이물감'을 숨기느라 노력했던 날들도 있었다. 숨길 수 있을 거란 생각에 마음을 급히 감춰 보았지만, 태도에 드러난 '몸짓 언어'로 이미 날아간 후였다. 다른 이에게 마음을 완벽히 숨긴다는 건 어려운 일이다. 되레 숨기지 않고 상대에게 솔직히 털어놓는 게 도움이 되는 경우도 있다. 무조건 숨기지 않고 툭 털어놓는 것만으로도 내면의 당당함을 되찾는 기분이 들기 시작한다. 마음을 숨기지 않고 솔직해지는 일에는 실은 커다란 용기가 필요하다.

다른 사람을 속이는 일보다 더 어려운 것은 바로 자신을 속이는 일이다. 누구나 제 마음 구석구석에 훤히 불을 켜 놓기 때문이다. 마음속에는 검은 속내를 숨길 수 있는 사각지대가 없다. 누구나 자기 자신에게 철저한 '감시자'이며 '평가대상'이 된다.

인생을 가로질러 남보다 빨리 가려는 '무단횡단 같은 유혹'은 수시로 은밀하게 찾아오곤 한다. 실행해본 결과 '수치심'이란 빨간 비상등에 불이 들어왔다. 정신없는 틈을 타 '자존감'이란 녀석이 창밖으로 줄행랑을 쳤다. 마음속에 감시자와 평가대상자는 팽팽하게 맞서 싸우기 시작했다.

정직하게 산다는 건 미로 찾기 한 판 같다. 시작점에서 출발해 도착점에 이르면 종료되는 게임이다. 초보자들의 흔한 실수는 시작부터 최단 경로로 가려 한다는 것이다. 짧은 길을 좇다 보면 대부분 막히거나 끊어져 되돌아가야 한다. 미로 찾기 좀 해본 고수들은 안다. '넓은 지도 판을 손 아프게 괜히 그려놓았을 리 없다.'는 것을. 도착점이 가까이에 있을지라도 여유를 갖고 빙 둘러 찾아가면 보인다. 동그란 미로의 경우 대개 나이테를 그리고 나서야 원의 중심부에 도달한다.

　사람마다 그려진 미로 판의 배경과 길이 다르더라도 도착지에 도달하기 전 게임이 끝나지 않는다는 것은 같다. 미로 속을 헤매다 보면 대체 언제 빠져나갈 수 있을지 몰라 불안하고 초조할 때가 많다. 어쩔 땐 백기를 흔들며 절로 포기하고 싶어진다. 그럴 때일수록 느리게 가는 자세가 필요하다. 숨 한 번 쉬고, 신발 안에 끼었던 돌멩이를 빼낼 기회이다. 쉬어가며 잘못 들어선 길이 있다면 수정할 수 있는 타이밍이다.

　세상의 속도보다 조금 느리더라도 멈추지 않고 꾸준히 발자국 내고 있다는 사실이 더 중요하다. 다시 돌아가더라도 천천히 자신과 타협하지 않는 날들을 보내보자. 어떻게 살아야 할지 '아는 것'과 '행하는 것'은 차원이 다르다. 그래도 '정직하기를 포기하지 않는 마음'은 몸을 추켜세우는 작은 원동력이 되어준다. 정직함이 세운 강한 자신감으로 느릿하게 여유를 갖고 나아가는 사람의 미래는 어떻게 그려질까?

몸과 마음은 어떻게 이어져 있을까?

어릴 적 어머니를 따라 목욕탕에 간 적이 있다. 네모난 탕 안에서 할머니들은 "오메, 오메, 시원한 거." 하시며, 바가지를 들고 물 위에 둥둥 떠다니는 때를 퍼서 밖으로 던지셨다. '뜨거운 물처럼 보이는데 시원하다니…' 오랜 세월을 살아온 지혜와 경험의 소유자가 하는 말이라 철석같이 믿고 물에 풍덩 뛰어들었다. 뜨거운 물의 온도는 성난 벌 떼에게 쏘인 것처럼 화끈했다. 물 밖에서 레이저 눈빛을 쏘는 어머니 때문에 나갈 수도 없는 처지였다.

어린 마음에도 속았다는 사실에 화가 나서 할머니를 째려 보았다. 할머니는 태연하게 엎어 놓은 바구니 속에서 요구르트를 꺼내주셨다. 지옥 불구덩이처럼 뜨거운 온탕 속에서 마시는 차가운 요구르트 맛은 어찌나 달콤하던지, 지금도 잊을 수 없다. 할머니들에겐 무언가 특별함이 있었다. 늘어난 살들과 주름 속에서 인정과 여유가 풍요롭게 흘러나왔다.

나중에 정신을 차려보니 내 손으로 할머니 등을 밀고 있었다. 그땐 그랬다. 옆 사람이 혼자 오면 '아이고, 저 사람 등은 누가 밀어주나…' 대신 걱정해주다가 나중엔 결국 서로 밀어준다. 살과 살을 섞다가 서로에게 마음도 섞어주고 그랬던 것 같다.

모리스 메를로 퐁티 Maurice Merleau-Ponty 는 우리의 몸은 세계와 언제나 접촉한다는 점에 주목한다. 시지각, 촉각, 후각, 미각 등 신체라는 필터를 통해서 우리가 만나는 세계를 수용하고 이해한다는 것이다.[12] 인간이란 영혼은 몸을 지닌 존재이다. 완벽한 자유를 원하며 살지만 불가능하다. 영혼은 유한한 몸 속에 갇혀 살기 때문이다. 몸으로 인해 시간과 공간 속에서 물리적으로 제한된 자유만이 허락된다. 그런데도 인간으로 존재한다는 사실만으로도 충만함을 느끼며 산다. 인간은 이 세상에 태어나 어디에서든 타인과 관계를 맺으며 감각하고 지각하며 살아간다. 그래서 언제든 변화할 수 있는 존재이다. 사람의 고유한 생각은 감각기관들이 보내온 세상 속 정보들의 영향과 융합해 만든 예술품은 아닐까?

어린아이들은 신체를 자유롭게 사용하며 논다. 새로운 세계를 몸의 감각기관을 통해 직접 배우고 깨우친다. 이 단순한 과정이 실은 삶의 중요한 과제이다. 모리스 메를로 퐁티는 늘 생동하는 감각을 깨우며 이를 통해 경험하고 배우며 살 것을 강조한다.

목욕탕 속에서 벌에 쏘인 듯 뜨거움을 느끼고 난 후 마시는 요구르트의 차가운 달큰함. 뜨거운 물을 차갑다고 말하던 사랑스러운 할머니들을 이상한 눈으로 쩨려보던 아이. 할머니들을 이해해보려 마음속에서 조그만 변화가 태동하던 그때, 어쩌면 아이는 때를 밀며 철학적인 삶을 향유했던 것은 아닐까?

몸을 더듬어보니 투박한 손과 거친 피부 그리고 근육질 팔다리가 만져진다. 몸은 영혼이 거주하는 집이다. 무용수의 몸, 노동자의 몸, 운동선수의 몸 등 한 사람이 살아온 삶의 흔적을 정직하게 드러낸다.

몸속에는 감각기관이 보내온 정보를 받으며 성장하는 작은 내면의 거인이 산다. 마음은 몸을 통해 세상을 해석한다. 이 작은 거인은 액체와 기체처럼 변화무쌍하다. 그래서 열린 마음으로 도전하며 살면 시시각각 새로운 옷을 입은 듯 변화해 갈 수 있다. 혹시 지금 몸과 마음이 불협화음을 내는 건 아닌지, 진지한 성찰이 필요하다.

결함은 인간을 나약하게 만들까?

부엉이의 망막세포는 막대세포들로 이루어져 있다. 색을 구분하는 원뿔세포와 달리 막대세포는 어느 정도의 밝기에서도 빛을 잘 감지하지만, 색은 구분할 수 없다. 부엉이들의 예민한 시력은 조명에 악영향을 받는다. 작은 불빛에도 극도로 민감해진 부엉이들은 스트레스로 인해 번식에 종종 실패한다.

두더지의 사정은 더 나쁘다. 두더지의 눈은 겨우 빛을 감지할 수 있는 정도다. 비록 자외선에 약한 눈을 가졌지만, 뛰어난 후각으로 먼 곳의 지렁이 냄새를 맡을 수 있다. 부엉이와 두더지의 낮은 어떻게 보일까? 강한 햇빛이 있을 땐 앞을 잘 볼 수 없다. 그러한 약점이 오히려 밤을 훤히 밝혀준다. 조도가 낮은 곳에서 선명하게 대상을 구분할 수 있는 것이다.

사람의 경우는 어떤가. 눈이 보이지 않으면 청각이나 촉각 등 다른 감각이 발달한다. 미국 하버드 대학에서는 시각 손상이 뇌의 기능에 어떤 영향을 끼치는지 알아보기 위해 장애가 없는 실험 참가자들에게 점자 교육을 받도록 했다. 뇌의 활동 관찰 결과 시각장애인과 동일한 환경을 조성해 눈을 가리고 교육을 받은 참가자들의 습득 능력이 우월했다. 이는 시각을 사용하지 않으면 잠재되어 있던 다른 감각들이 활발하게 활동한다는 '뇌의 보상 활동'에 따른 결과이다. 물질로 이루어진 우리의 몸은 변화를 수용하는 놀라운 감각을 지니고 있다.

영혼은 어떨까? 누구에게나 각자 고쳐 쓰고 싶은 '불완전한 결함'이 있다. 그로 인해 크고 작은 상처를 받으며 살아간다. 그렇다면 결함은 인간을 나약하게만 하는가? 사람은 상처가 남긴 고통을 곱씹으며 타인을 배울 수 있다. 다른 이의 신발을 신어보지 않은 사람은 속사정을 이해하지 못하거나 단순하게 해석하는 오류를 범한다. 상처는 회복이란 과정을 거치며 새살이 돋아난다. 고통을 겪어 본 사람의 마음속은 '타인을 이해하는 섬세함'으로 채워질 것이다. 행복을 결정하는 요소에는 견뎌낼 수 있는 고통도 포함된다. '시련을 이겨내는 힘'과 '부족함을 통해 채워가는 삶'은 한 편의 아름다운 성공담이 된다.

소나무는 구불구불 휘어질수록 그 가치를 인정받는다. 파킨슨병을 앓아온 아침고요수목원 한상경 대표는 인터뷰에서 자신을 '휜 소나무'라고 표현했다(《중앙일보》 2020.03.23. 손민호 기자 인터뷰). 그는 상처받고 시련을 이겨낸 다음 휘는 나무의 성질을 소개했다. 결국 휘어진 가지에서 꽃이 피듯, 사람도 마찬가지라는 것이다. 마치 세잎클로버가 떡잎이 나오기 전 밟히거나 마찰로 인해 생장점에 상처가 생겨 네잎클로버가 되는 것과 비슷하다.

상처와 고통이 두려워 불안 속에 살기에는 남은 인생이 짧다. 사람은 상처를 이겨내며 나아가려는 힘을 통해 타인과 인생을 배워갈 수 있다. 세상을 향한 세심한 공감과 이해의 노력이 알 수 없는 캄캄한 미래를 비춰주는 빛이 되기를 바란다. 누구에게나 고쳐 쓰고 싶은 결함이 존재한다면 '겸손함'은 조금 내려놓고 내면의 상처들을 딛고 일궈낸 성장으로 한껏 여유 부리며 '뻔뻔하게' 살아가 보는 건 어떨까?

집에 깃들어 있는 신이 있다?

오래된 한옥 문을 열던 순간을 기억한다. 묵직한 나무가 통째로 움직이며 낡은 경첩이 끔찍한 소리를 질렀다. 손에 닿았던 나무의 거친 표면과 무릎에 실렸던 무게감이 가끔 느껴진다. 요즘은 손가락 하나만으로 버튼을 눌러 문을 열 수 있는 최첨단 자동화 시대이다. 자동문에 익숙해진 어느 미래인이 정전으로 밖에 나가지 못하는 상상을 하다 웃음이 절로 나왔다.

'육중한 문을 밀고 앞으로 나가는 행위'가 내게는 월요일 같다. 휴양지의 온기처럼 나른한 주말이 지나고 나면 월요일은 물먹은 솜이불처럼 몸도 마음도 묵직해진다. 정지되어 있던 날들 속에서 마찰력에 반해 앞으로 밀고 나가야 한다.

늦잠 잔 아이들이 부산스레 나간 흔적이 역력한 집 안, 여행으로 밀린 빨래가 쌓여있고, 주방 싱크대와 선반 위에 적재된 식기들, 작업 후 제자리로 돌아가지 못한 책들이 주인 잃은 고아처럼 곳곳을 방황한다. 쌓여있는 이메일은 비명을 지르고 그 속을 비집고 다니며 처리해야 할 업무와 사투를 벌이는 결투의 날이 내게는 월요일이다.

기본으로 돌아가 가장 원초적인 생각을 해볼 때이다. 의사가 환자를 살리듯 '살림'은 '자기 자신을 살리는 일'이기도 하다. 메뉴판에 음식 이름이 하나뿐인 기본기가 튼튼한 맛집처럼 말이다.

나를 돌보는 일에도 기본기가 필요하다. 침대 위나 혹은 주방과 욕실에서 현재의 상태를 발견할 수 있다. 이불의 구김살과 베개조차 정리하지 못한 채 뛰쳐나가던 날의 나, 너저분한 주방 싱크대 위의 얼룩, 다 말려진 그릇들 위에 새로 겹치는 물먹은 식기들, 먹다 남은 약봉지. 이런 것들이 눈에 거슬리지 않을 때의 '나'는 주로 혼돈 속에 살고 있다.

현재 자신이 놓여 있는 상황을 올바르게 인식하는 능력을 지남력이라고 한다. 의사들은 주로 뇌를 다친 사람이나 치매 환자들에게 지남력을 확인한다. "지금은 언제인가? 여기는 어디인가? 나는 누구인가?" 등의 질문으로 시간 지남력과 공간 지남력 그리고 인물 지남력을 파악한다.

바쁘게 살아가던 어느 날, 지남력 확인 질문지를 보고 쉽게 대답을 떠올릴 수 없었다. 내면의 목소리가 텅 빈 내면을 메아리처럼 울리며 물었다.

'나는 누구인가?'

오늘의 나는 오늘을 살아가야 한다. 문제는 과거의 후회가 좀먹고 간 오늘을 미래의 불안이 찾아와 더블로 떼어간다는 사실이다.

걱정과 불안을 휴대전화와 함께 내려놓고 오늘을 사는 일은 '작은 살림'으로 시작된다. 햇살 좋은 창 아래 수저를 일광

소독하고, 퇴근한 직장인들이 집으로 돌아가듯 세간살이의 제자리를 찾아주는 일은 혼돈 속에서 정돈된 자아로 끄집어내 준다. '나'라는 사람은 몸 안에서만 살고 있지 않다. 집 안 곳곳 손길이 닿은 곳에 흔적으로 남아 존재한다. 오늘 하루 반듯한 나의 기분을 만들어주는 건 작고 사소한 기본기를 다지는 일로 시작된다.

일명 '부뚜막신'으로 불리는 조왕신은 부엌을 맡아 다스리는 신이다. 집안의 길흉화복을 판단하고 재산에도 관여한다. 〈하울의 움직이는 성〉에 나오는 캘시퍼처럼 불의 신이라고 한다. 옛사람들은 부엌을 참 귀하게 여겼다. 부뚜막신의 비위를 건드리지 않기 위한 금기도 있었다.

1. 불을 때면서 악담하지 말라.

2. 부뚜막에 걸터앉지 말라.

3. 함부로 발을 디디지 말라.

4. 무엇보다 항상 깨끗하게 관리하라.

5. 나 이외 다른 신을 함께 모셔도 무방하다.

(<종교학대사전>, 1998.08.20, 한국사전연구사)

이 외에도 날마다 이른 아침 맑은 샘물을 길어 토대 위에 놓거나, 명절이면 떡과 과일 등 간단한 음식을 차려 놓고 빌었다. 그리고 온 가족이 한 부엌에서 만든 음식으로 식사를 한다. 언제 난 제철 재료인지, 어디에서 온 수산물인지 혹은 어떻게 길러진 고기를 먹는지에 따라 가족의 길흉화복을 결정한다니, 문득 '살림'이 숭고해진다.

한때 성공하는 사람이 되기 위해서는 지금껏 살아온 모습을 버려야 하는 줄로만 알았다. 성공한 사람들에게만 숨겨진 비밀이 있다고 믿었다. 물 건너온 자기 계발서를 사고, 줄 서서 강연을 예매하고, 그들이 정해주는 새로움을 입어야만 하는 줄 알았다. 그런데 살면 살수록 삶은 다르게 이야기하는 것 같았다. 남들과 다르게 구분되는 특징은 또한 자신만의 고유한 개성이 된다. 어설프게 남을 의식하고 따라 하던 취향을 버려야 한다는 걸 이제는 안다.

나를 돌보는 일은 한 사람의 온전한 하루를 일으켜 세우고 살아가게 해주는 기본기이다. 그것은 한쪽으로 웃자란 화분의 방향을 골고루 돌려주는 것처럼 아주 간단하고, 가까이 있는 작은 변화로부터 시작된다. 사람들은 대개 자기 자신을 사랑할 줄 아는 사람을 사랑한다. 자신에 대한 사랑은 자신을 돌볼 줄 아는 마음의 여유에서 나온다.

월요일에 밀어냈던 육중한 문의 관성이 '내일'이란 새로운 문을 통해 한 사람의 인생으로 흘러간다. 월요일을 밀어내던 노력은 마찰력에 반해 앞으로 나아가려는 삶을 향한 태도이자 사랑이다.

절망의 반대말은 무엇일까?

봄에는 이동성 고기압으로 구름이 많지 않지만 높은 곳에서 생성되는 권운과 권층운이 자주 생긴다. 고온다습한 여름은 대기가 불안정해져서 적운, 적란운이 발생한다. 한편 가을은 가장 아름답고 다채로운 구름을 관찰하기에 좋은 계절이다.

변화무쌍한 가을 구름을 보다 익숙한 사람들의 얼굴이 하나둘 떠올랐다. 어느 날은 활짝 웃다가 어떤 날은 조금 먹먹한 채로 이내 억울한 듯하다가도 결국 온화한 미소를 지어주었다. 가을 하늘은 마치 구름에 따라 하늘의 기분이 달라지는 것 같다.

매일 아침 구름을 관찰하는 것으로 하루를 시작한다. 마치 똑같은 하루가 재생산된다는 착각 속에 갇힌 인간들을 일깨워주려는 듯 그 어느 때보다 부지런하고 역동적이다. 어느 날은 와이파이 모양 구름이 건물 위에 뜨기도 하고, 커다랗게 배율이 고장 난 구름이 곧장 머리 위로 쏟아질 것 같은 날도 있었다. 불이 난 것처럼 온통 하얀 안개로 가득 찬 날이 있는가 하면, 어떤 날은 파란색 수영장 타일처럼 구름이 말끔히 하늘에서 제거되기도 한다. 가을 구름을 쫓으며 감탄과 환희의 날들을 보내다 그 모습이 자취를 감춘 날에는 서운함을 숨기기 어려웠다.

구름을 바라보는 일은 '수많은 타자 속에서 자신을 발견하는 일'과 비슷하다. 거울 앞에 선 아이처럼 사람은 타자를 통해 자신을 비춰본다고 한다. 수많은 이의 얼굴을 떠올리게 하는 구름에 나를 자꾸만 투영하게 된다. 어제는 하늘에 먹구름이 잔뜩 끼었다. 앞으로 한 발짝도 나아갈 수 없이 절망에 빠졌던 날, 나는 거울 속에서 만났던 익숙한 얼굴을 하고 있었다.

　살면서 절망에 추락했다고 의식하는 순간 늘 두 가지 감정이 교차했다. 먼저 우울과 절망이 태풍을 몰고 오듯 강렬하게 찾아왔다. 그땐 피할 수 없는 소나기를 만난 것처럼 온전히 맞을 수밖에 없었다. 뒤이어 먹구름 같은 감정들이 수직으로 장대비를 내리고, 비로소 뭉글뭉글한 '감사함'이 찾아든다. 한바탕 비를 쏟아낸 하늘 위에는 다음날 어김없이 둥글고 보송보송한 뭉게구름이 찾아왔다. 하늘은 사람의 감정처럼 상승과 하강을 반복했다.

　태양은 바닷물을 데운다. 그중 일부는 수증기 상태로 증발한다. 대기에 올라 온도가 차가워지면 구름으로 응축된다. 그후 부피가 늘어 무거워지면 비나 눈이 되어 내린다. 이러한 물의 순환 과정은 '시작과 끝'이 무수히 반복된다. 바다의 간조와 만조, 달 표면을 반사하는 빛처럼 자연은 '차고 비워짐'의 연속이다.

생의 한복판에서 깨어있는 모든 순간 '감정의 버튼'은 꺼지지 않고 계속된다. 하루에도 수많은 감정의 파도가 오고 간다. 그것에 초연하기 위해서는 없애거나 억누르지 않고 관점을 바꿔본다. 사물이나 사건을 다양한 각도에서 바라보려는 노력을 해본다. 그중 가장 쉬운 방법이 '감사함'이다. 감사함은 온전히 비워낸 후에 찾아온다. 절망의 반대말은 희망이 아니라 감사함이라고 생각한다. 한 사람 한 사람이 책이라면 다가오는 가을, 구름 책을 펼쳐보는 건 어떨까?

위기는 위대한 기회다?

새벽 배송으로 계란 한 판이 도착했다. 새로 구입한 에그 팬에 가장자리가 노르스름하고, 바삭하게 구워진 프라이를 해먹을 생각이었다. 그런데 계란을 보관 통에 옮기다 그만 놓치고 말았다. 다행히도 계란 한 알에 금이 간 게 전부였다.

계란 30구를 한 통에 담으려면 비껴가며 2단으로 쌓아야 했다. 실금 간 녀석을 밑바닥에서 꺼내 맨 위에 올렸다. 압력과 무게를 못 견디고 깨져버릴 것 같았기 때문이다. 바닥 면을 지탱하는 것들은 매끈하고 표면이 고른 녀석들로 단단히 채워주었다.

문득 돌이켜보니 사람의 마음속에도, 관계 속에도, 현재를 구성해 준 과거 속에도, 실금이 간 상태를 그대로 두어 깨어 졌던 날들이 있었다.

깨져서 흘러버린 마음들을 주워 담고, 천으로 닦아내다 이 전에 생겼던 얼룩들도 함께 닦고, 대대적인 대청소를 할 타이 밍이다.

위기가 닥쳤을 때 사회적인 구조나 인식처럼 개인이 통제 할 수 없는 요인들도 있다. 그때 가장 중요한 선택지는 자신 안에 있다. 절망의 순간 우리는 선택해야 한다. 요즘처럼 변 화가 빠른 시대일수록 더욱 빠른 선택이 요구된다. 오랜 숙고 와 고민을 기다려주기엔 환경이 시시각각 다채롭게 변하고 있기 때문이다.

공자는 현명한 사람은 늘 불행 속에서도 행복을 찾는다고 했다. 위기는 다르게 보면 위대한 기회이다. 깨어진 순간 쉽게 좌절할 수도 있겠지만 대대적인 정비를 할 타이밍이 될 수 있다. 위기를 기회로 바꾸는 건 작은 태도에서 나온다.

"위기에 절망하고 주저앉을 것인가, 아니면 위기를 '위대한 기회로' 잡을 것인가?"

'위기'라고 하면 할리우드 영화 속 '영웅의 공식'이 떠오른다. 히어로물의 주인공들은 대부분 현실에서 위축되고 자신감이 없는 인물로 등장한다. 그랬던 인물을 강철도 뚫고 나갈 수 있도록 강인하게 만들어주는 장치가 바로 '악당과의 위기'다.

강철의 사나이 슈퍼맨과 거미줄을 타고 날아다니는 스파이더맨도 현실 속에서 전부 평범한 사람들이었다. 우리의 삶이 전부 슈퍼 히어로처럼 쉽게만 흘러가지 않는다. 그럼에도 위기를 기회로 받아들여 '단단한 고체'처럼 쌓아온 강인함은 '액체'처럼 다변하는 사회에서 자신을 지키며 굳건히 나아갈 수 있게 해준다.

작은 마음가짐이 이미 엎어진 결과를 뒤바꿀 순 없어도 절망을 견디고 이겨내는 방식을 바꿀 수 있다. 우리의 삶 주위에는 지금도 소리 소문 없이 보이지 않는 영웅들이 탄생하는 중이다.

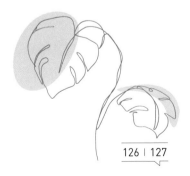

자기효능감, 높다고 무조건 좋을까?

스스로 무언가를 이뤄낸 사람들에게는 부지런함과 또 다른 비밀이 있다. 그것은 바로 '자기효능감'이다. 자기효능감은 캐나다의 심리학자 앨버트 반두라_{Albert Bandura}에 의해 소개된 개념으로, 어떤 일을 성공적으로 수행할 수 있는 능력이 있다고 믿는 기대와 신념을 뜻하는 심리학 용어이다.

초인적인 기록을 세우는 국가대표 선수 중 자기효능감이 뛰어난 사람이 많다. 요즘은 개인적인 목표의 성취나 자기 계발을 위한 '자기효능감 기르는 방법', '우리 아이 자기효능감

기르기' 등에 관심이 많은 추세이다.

자기효능감이 마치 성공한 인생의 열쇠로 여겨지는 현상들에 조금은 우려가 된다. 사람들로부터 지나치게 주목받고 관심을 불러일으키는 행위일지라도 우리는 한 번쯤 자문해보아야 한다. 수학적인 문제를 푸는 데도 여러 가지 공식을 적용해야 하는데, 우리의 인생은 훨씬 더 복잡한 영역이다. 하나의 성공 공식을 대입하기엔 삶은 '뚜렷한 목적 없이 필연적으로 발생하는 자연현상'처럼 다변적이기 때문이다.

아이와 자동차 카트장에 다녀온 적이 있다. 이곳에서 아이는 원하는 차를 자유롭게 골라 탈 수 있었다. 불행 중 다행인지 아이가 처음 고른 카트는 아주 느렸다. 충전할 시기가 다된 차를 골랐던 것이다. 덕분에 슬렁슬렁 주행 연습하기에 안성맞춤이었다. 이후 자신감이 붙은 녀석은 날쌔 보이는 빨간색 스포츠카로 갈아탔다.

직원이 막 충전을 완료해서 밖으로 꺼내 온 자동차였다. 얼굴에 화색이 돌던 아이는 굉장한 추진력으로 달려대는 자동차를 성난 황소처럼 몰았다. 예상치 못한 속력으로 다른 차들을 피해 가다 결국 벽을 들이받고 전복되었다. 아이는 본인의 선택이었기에 아프다고 티도 못 내고 통증으로 얼굴이 붉으락푸르락 달아올랐다. 그 순간 자동차의 속도에서 자아효능감을 떠올렸다.

자아효능감은 말 그대로 '할 수 있다'는 자신에 대한 믿음과 신념이다. 사람 내부에 내재한 능력이 이 '믿음'을 통해 더 잘 발현되기도 한다. 하지만 자신이 가진 실제 능력보다 믿음이 앞선 경우가 대부분이다. '신념'이 '능력'을 이끌어주는 견인차 구실을 하지만 그 둘 사이의 괴리가 크면 클수록 부작용이 나타난다. 마치 일주일 동안 밤을 새워서 공부한 친구가 자양강장 드링크제와 커피에 의존할 때 몸에서 나타나는 반응과 비슷하다.

어릴 적, 엄마의 기억 속에 나는 이런 아이였다고 한다. 학교를 마치고 돌아오면 숙제와 준비물을 완벽하게 챙긴 후 노는 아이, 방학이 시작되면 방학 숙제 계획부터 실행까지 철저히 마치고 노는 아이. 엄마는 자주 이런 말씀을 하셨다.

"너 같은 아이라면 3톤 트럭으로 갖다준다 해도 키울 수 있어. 뭐든 스스로 하잖아."

어린 마음에 맞벌이로 바쁜 부모님께 짐이 되지 않으려 뭐든 스스로 챙기던 아이는 기대감 하나가 더해지자, 자신을 무적으로 여기기 시작했다. 아이는 그렇게 자라 매우 독립적인 어른이 되었다. 지금껏 쌓아온 끈기와 부지런함이면 뭐든 스스로 다 해낼 수 있다는 자기효능감이 점차 삶의 긍지와 자부심이 되었다. 능력 대비 실제로 해낼 수 있는 일인지 아닌지도 모른 채 자기를 속여가며 모른 척 자기효능감에 기대어 앞으로 나아갔다.

그 후 빠르게 달리던 자동차 카트는 속도를 늦출 수 없어 점차 뜨거워졌다. 그리고 전복되던 어느 날, '독립적이며 진취적 성향'이 달아준 날개가 위험할 수 있다는 걸 알게 되었다. 감당할 수 없는 일을 덜컥 맡아 놓고 '이번에도 잘할 수 있다.'라며 스스로를 기만했던 적이 있다. 가진 능력으론 모자라서 일분일초 단위로 시간을 쪼개어 쉬지 않고 여러 해를 보냈다. '잘 되면 내 탓, 잘 안되어도 노력이 부족한 내 탓.' 전부

내 탓으로 돌리며 나를 갈아 넣었다. 초록색 보행자 신호등에 불이 켜지고 길을 건너고 있을 때였다. 덤프트럭 한 대가 천천히 느린 동작으로 집어삼킬 듯 달려오고 있었다.

'저 차가 멈추지 않으면, 나 좀 쉴 수 있지 않을까?'

다행히 트럭은 바로 앞에서 멈추었고, 일상은 다시 제자리로 돌아왔다. 한순간에 느꼈던 달콤한 속삭임은 이내 아쉬움과 안도의 한숨으로 바뀌었다. 그리고 며칠 후 저녁 밥상에서 같은 경험을 한 사람이 텔레비전 프로그램에 나왔다.

'우울증이라고? 우울증은 온종일 무기력하고 살고 싶지 않다는 생각이 드는 거 아닌가? 열심히 사는 우울증 환자도 있나?'

삶에도 균형이 필요하듯 과도한 자아효능감은 자칫 자신에게 해가 될 수 있다. 자신이 감당하기 힘든 일이 닥쳐도 도움을 요청할 수 없는 사람이 되어갔다. 누군가에게 도움을 받아본 적 없으니 당연히 위로 또한 받아본 적 없고, 타인에게 주지도 못하는 사람이 되었다. 돌이켜보니 도움을 청하는 일은 굉장한 용기가 있어야 하는 행동이었다. "도와주세요." 이 한마디가 자신의 부족함을 인정하고, 나아가 겸손하게 손을 내미는 방법이 된다. 그 이후 부끄럽지만, 솔직히 감정을 드러내기로 결심하자 복잡하게 꼬였던 일과 딱딱했던 사람들의 태도가 부드러워지는 걸 느꼈다. 이제는 스스로 어떤 위로와 도움을 건넬 수 있는 사람인지, 자주 돌아보며 고민한다.

돌이켜보니 바뀐 건 '세상과 사람들'이 아닌 '내면의 생각' 하나뿐이었다. 살다 보면 배터리가 다 된 느린 전동카트를 타듯 무기력과 허무에 사로잡힌 날들도 있다. 반면 급속 충전된 듯 지칠 줄 모르고 빠르게 달리기만 하던 시절도 있다. 인생의 허무나 무기력이 자기 파괴의 에너지라면 빠르게 자신을 채찍질하는 것 또한 비슷한 파괴 본능이 아닌가. 레이싱 자동차, SUV, 트럭 혹은 화물차는 전부 용도나 쓰임새에 맞는 적정 속도가 있다. 이제 또 다른 출발선상에 선 사람에게 '성향과 환경 등을 고려해 꼭 맞는 자신만의 속도를 찾는 일'은 그 어느 때보다 먼저 필요하다.

사회적 자아와 본질적 자아, 무엇이 진짜일까?

뻐꾸기는 다른 새의 둥지에 알을 낳아 기르게 하는 탁란을 한다. 자신만의 둥지를 틀지 않아 자유로운 삶의 상징이 되었지만 날로 먹겠다는 심보로도 유명하다. 반면 평생을 80m 동굴 속에 사는 거미가 있다. 한국구슬거미는 습하고 어두운 곳에 서식하며 눈이 퇴화된 신종 거미이다. 이렇듯 삶의 형태에 따라 종의 습성과 모습이 달라진다는 건 놀라운 사실이다.

한편 끊임없이 새집을 찾아야 하는 소라게는 어떠한가? 소라게는 연약하고 부드러운 복부 때문에 자연에서 먹이가 되기 십상이다. 소라게에게 성장하는 몸에 꼭 맞는 집을 찾는 건 숙명과도 같다.

아네테 멜리세Anete Melece의 그림책《키오스크》에는 작은 가판대에 몸이 꽉 끼여 사는 올가가 나온다. 올가에게 가판대는 '일터'이자 안락한 '집'이며 그녀가 속한 '사회'이다. 통통한 체구에 꽉 끼는 가판대 속 삶이 거대한 집을 지고 있는 소라게처럼 보인다. 그녀는 손님들이 말하지 않아도 알아서 물건을 척척 내주는 프로지만 시선은 늘 다른 곳을 향해 있다. 반복된 일상에 압도되어 노을 지는 해변의 사진 감상으로 안주하며 사는 올가의 모습은 우리와 다르지 않다.

누구에게나 키오스크는 존재한다. 40대에 도달한 나란 사람은 노부모를 둔 자식이자, 성장기 아이들의 기대에 발로 뛰는 부모이다. 학교에선 올바로 양육할 책임을 진 학부모이자 누군가에겐 오래된 친구 혹은 동기이며, 갈망하는 직업을 성취 중이다.

나에겐 사회적으로 붙는 다양한 명칭이 있다. 그것들이 내게 요구하는 바는 전부 다 다르다. 아이들 앞에선 한없이 포용적인 사람이었다가도, 일할 땐 작은 실수가 불러온 균열조차 용서할 수 없는 치졸한 사람이 된다. 살다 보면 '나'라는 한 사람 안에서 다른 사회적 자아끼리 충돌하는 순간들이 존재한다. 커리어 vs 가정, 혹은 효도 vs 자녀 양육처럼 맡은 역할을 두고 양쪽 끝에서 팽팽하게 줄다리기하는 순간 손안에 식은땀이 주룩 흘러내린다.

사회적 자아가 많아질수록 본질적 자아와의 구분이 모호해진다. 마치 열연하던 배우가 촬영이 끝나고도 한동안 몰입감에서 빠져나오지 못하는 것처럼 말이다. 주어진 역할에만 충실히 살다 보면 정작 나라는 사람이 본래 무얼 좋아했던 사람이었는지, 고유성을 자주 잊게 된다. 지금 살고 있는 집, 연봉, 관계, 소유물들은 사회적 자아가 얼마나 잘살고 있는지 가늠하여 나타내준다. 그렇다면 그 안에 실존하는 나는 과연 잘살고 있는 것일까?

사회적 자아가 사회에서 부여된 역할이라면, 본질적 자아는 그러한 역할에서 벗어나기를 요구하는 자신의 목소리이다. 사람들은 흔히 이를 두고 '견장을 뗀다'라고 표현한다. 자신을 되찾으려는 본질적 자아는 이러한 역할에서 순간순간 벗어나려 한다.

가판대 벽 위에 노을 지는 해변 사진을 붙이던 올가의 행위는 본질적인 자아가 낸 목소리이다. 세상 속으로 기울어져 있던 기울기를 평평하게 고쳐 세워 '나'에게 집중하고자 하는 작은 목소리는 이 여정의 시작점이 된다. 본질적인 나를 찾아가는 일은 반복되는 일상들을 거스르는 작은 목소리에 귀 기울이는 '알아차림'으로 시작된다.

어느 날, 작고 사소한 실수로 올가의 세상이 뒤집혔다. 평소보다 조금 멀리 배달된 신문 뭉치를 집으려던 올가는 꽉 낀 키오스크와 함께 넘어졌다. 잠시 후 그녀는 새로운 사실을 발견한다. 가판대에 몸이 낀 채 움직일 수 있다는 사실이다. 이후 붙박이처럼 한곳만 지키던 그녀는 가판대와 함께 여행을 떠난다.

움직일 수 있다는 사실은, 불안하기만 하던 실수를 기회와 희망으로 바꿔놓는 전환점이 되었다. 실수로 강에 빠져 흘러가던 순간에도 하염없이 하늘을 올려다보며 미소 짓던 올가는 이제 '은근한 실수를 즐기는' 것처럼 보인다. 마침내 그토록 바라던 노을 지는 해변에 도착해서 아이스크림을 팔고 있던 올가의 마지막 모습은 참 인상적이다. 여느 동화나 이야기 속 주인공들처럼 거추장스러운 키오스크를 벗어던지지 않았기 때문이다.

소라게에게 소라껍데기가 무거운 짐이자 자신을 보호해주듯 누군가가 짊어진 사회적 자아는 삶의 무게이면서 동시에 존재 이유가 된다. 성장하며 집을 바꾸는 소라게처럼 아이스크림 가게라는 새로운 옷을 입은 올가의 모습이 훨씬 현실적이고 편안해 보인다.

동화나 이야기를 쓸 때 주인공에게 갈등을 부여하는 것은 왜일까? 이야기의 성질은 물과 같다. 거침없이 흘러야 독자들에게 읽는 동기를 부여한다. "그 후로 공주와 왕자는 행복하게 잘 살았습니다."처럼 인물이 멈춰 서면 이야기도 거기서 끝난다. 갈등은 인물을 움직이게 하는 힘이 있다. 크거나 작은 실수와 도전의 반복은 결국 사람을 움직이게 한다. 움직임은 나아가 인생을 물길을 바꾸기도 한다.

돌아보니 가정을 떠나 학교와 사회 속에서 늘 기대치에 부응하기 위한 성취만을 반복하며 살아왔다. 떨어지고 넘어져도 변함없이 밝게 웃는 올가의 모험을 보며 잊었던 가치를 다시 되새긴다. 실수와 실패는 결국 한 사람을 움직이고 나아가게 하는 길이다. 그동안 고정된 틀에 가두었던 불안감과 두려움을 내려놓고 자유롭게 유영하듯 떠나는 모험을 즐겨보려 한다. 누가 알겠는가, 그러다가 세상이 뒤집히는 기막힌 경험을 하게 될지. 은근한 기대감으로 두고 볼 요량이다.

Q

우리는 시간당 얼마짜리 인생일까?

관계에도 마찰력이 존재할까?

좋아하는 순간이 모이면 내가 보일까?

나약함은 왜 부끄러울까?

틀린 것과 다른 것의 차이는 무엇일까?

영혼과 육체는 어떤 관계일까?

동물에게도 리더십이 있다?

첫인상에서 중요한 건 무엇일까?

교육 디폴트값을 선택할 수 있다면?

싸움은 무조건 나쁠까?

#4

세계

우리는 시간당 얼마짜리 인생일까?

　우연히 영화 〈인 타임〉을 보았다. 영화 속 등장인물들은 손목에 시간이 적힌 바코드를 지닌 채 태어난다. 주어진 시간이 제로가 되면 사망하게 된다는 설정이 참신한 영화였다. 일부 탐욕스러운 부자들은 돈으로 시간을 사들이고 가난한 자들은 시간을 판 돈으로 급한 끼니를 해결하기도 한다. 이 영화는 우리가 살고 있는 지금과 묘하게 닮아있다.

　길에서 종종 폐지 줍는 노인들을 만난다. 처음 걸음을 멈추게 하던 그들의 존재감이 이제는 도심 풍경 속 일부가 되어간다. 하루는 자글자글 주름진 손으로 유모차 위에 폐지를 올리시는 할머니를 만났다. 쓰레기와 폐지가 분간되지 않는 환경 속에서 일하는 그녀를 바라보자 찌그러진 패트병처럼 속상한 마음에 주름이 잡혔다. 다시 고개를 돌리자 할머니가 끄는 유모차는 어느새 골목 저 너머로 사라졌다. 다급하게 울리는 휴대전화 메시지를 확인하고 다시 발걸음을 돌렸다. 수많은 인파 속에 섞이고 나서야 그 이름 모를 감정이 희미해졌다. 그 감정은 무엇이었을까?

    고물은 쓰임을 다한 물건이나 사람을 비유한다. 고물은 쓰레기이지만 누군가에게는 유일한 생계가 된다. 한 수레 가득 실으면 대략 무게가 150kg 된다고 한다. 일의 무게에 비해 대가는 작고 보잘것없다. 폐지 줍는 노인들은 하루 종일 일해서 평균 2천5백 원, 많이 버는 날은 만 원을 번다고 한다.

    그분들은 끼니로 해결하기 쉬운 라면을 먹는다. 국물이 있어서 이가 없는 분들이 먹기에 편하기 때문이다. 쓰임을 다한 라면 상자는 다른 폐지 줍는 노인에 의해 수거되고 제철소나 제지소로 보내진다. 이것은 자원 처리 순환의 과정이다.

1년에 9톤, 약 2천억의 비용을 들여 해결해야 하는 문제가 이분들 덕분에 해소된다고 한다. 그렇다면 폐지를 줍는 노인들의 한 시간은 얼마짜리일까? 최저시급 만 원권 지폐 한 장을 벌기 위해 얼마나 많은 시간을 걸어야 하는 것일까?

영국의 사회철학자 칼 포퍼Karl Popper는《열린사회와 그 적들 I》에서 사회주의를 비판하며 올바른 민주주의의 방향성에 대한 지지를 표했다. 그는 열린사회란 무엇인지 정의를 내렸다. 그에 의하면 열린사회는 비판을 수용할 줄 아는 사회이고, 독립된 자유로운 개입의 집합이며, 약자를 보호하는 사회, 시민이 정부를 통제할 수 있는 사회이다. 그는 또한 가장 시급한 문제는 행복(이상향)이 아니라 고통을 해소하는 것이라고 한다. 그리고 가난이나 실업 혹은 질병으로 위축되거나 소외된 사람들을 위해 적극적으로 공생을 모색해야 한다고 강조했다.[13]

코로나로 수출길이 막혀 고물값이 거의 반토막이 났다. 저임금, 위험 노동으로 한 끼를 해결하기 위해 온종일 걸어야 할 골목길이 떠오른다. 심술궂은 골목대장처럼 겨울은 얼마나 혹독한 얼굴을 하고 그 앞에 서 있을까? 다른 계절과 달리 겨울은 가난한 이들에게 더 혹독한 계절이다.

　가족이 점차 해체되고 개인의 능력이 우선시되는 현대 기술 문명 사회는 개인화가 가속화되고 있다. 그러한 사회에서 이기주의는 무관심이란 가면을 쓴 채 두 손을 놓고 있다. 타인들의 삶은 자신과 무관하다며, 변화에 대한 아무런 기대감 없이 사는 사람들에게 다가올 희망은 없다.

　사회에 대한 체념과 실망을 딛고 일어나 타인을 향한 관심의 문을 여는 것, 그 힘은 변화를 이뤄낼 수 있는 씨앗이 된다. '사랑'의 반대말은 '증오'가 아닌 '무관심'이다. 무관심이 관심으로 바뀌어 세상 밖으로 나서는 한 희망은 자리에서 힘을 낼 준비를 한다. 이타적인 사람들과의 연대 속에서 길어낸 조화로움은 차가운 삶의 공허와 허무를 이겨내고 고통 속에서 벗어나게 해주는 희망이 될 것이다. 길 위에 단비가 촉촉하게 내렸다. 네 개의 수레바퀴가 차갑게 식힌 길 위를 힘내서 다시 구르기 시작하는 모습을 그려본다.

관계에도 마찰력이 존재할까?

어린 시절, 뻑뻑한 교실 문이 열리지 않아 고생한 경험이 있다. 그때 문득 쓰다 남은 양초를 손에 건네주던 친구가 영웅처럼 느껴졌다. 문턱에 양초를 살살 바르자 혼자서도 거뜬히 열 수 있었다. 미끄럼틀이나 스케이트 혹은 장난감 속에서도 마찰력을 쉽게 발견할 수 있다. 마찰이란 '물체의 운동을 방해하는 힘' 또는 '두 물체가 닿아 비벼짐'을 의미한다. 혹은 '이해나 의견이 서로 다른 집단의 충돌'을 나타내기도 한다.

물체의 재질, 무게, 접촉 면적 등은 마찰력에 영향을 주는 여러 가지 변수로 작용한다. 사람의 내면에도 이러한 마찰력이 있을까? 정지한 물체를 움직이려면 마찰력을 넘어서는 힘이 필요하다. 마찬가지로 무언가를 새로 시작하려고 하면 그걸 뚫고 나아가는 힘이 필요한 법이다. 그 후 행동의 횟수를 늘려 습관으로 자리 잡을 수 있다. 변하고자 하는 마음가짐은 넘어서는 힘이 되고, 힘은 습관이 되어 한 사람의 변화를 이룬다.

반면 표면이 깨끗할수록 마찰을 방해하는 힘이 줄어 마찰력을 줄일 수 있다. 비벼지다 보면 표면이 마모되어 부드러워지기 때문이다. 이는 꼭 마치 오래된 관계와도 같다. 잦은 마찰로 손이나 발에 생긴 두껍고 단단한 굳은살이 떠오른다. 굳은살은 때론 통증이 되기도 하지만 발레리나 장인들에겐 시간이 쌓여 만들어진 영광의 상징이 되기도 한다. 가장 가까이에서 서로 닿아 비벼지며 만들어지는 관계에도 굳은살이 있다.

마찰이 계속되면 딱딱해진다. 굳은살은 오래 놔두면 안 좋다. 오래되면 갈라지거나 피가 나 균이 들어갈 수 있기에 관리가 필요하다. 특정한 압력과 마찰에 의해 만들어진 티눈처럼 가까이 두면 고통을 주는 관계가 사람 사이에도 있다. 이는 자연적으로 없어지는 것이 아니기 때문에 용기를 내어 떼어내야 한다. 인생의 절반쯤 살아보니 이제는 SNS와 카카오톡에 넘쳐나는 인간관계에도 '비우기'가 필요한 시점이다. 고통을 참고 지내기엔 남은 인생이 길지 않다.

근본적으로는 굳은살을 제거하는 것보다 부드러운 피부를 유지해 재발을 막는 게 중요하다. 딱딱해진 수술 부위를 유연하고 부드럽게 도와주는 재활 운동처럼 관계에도 재활이 필요하다. 그 첫걸음으로 중력의 법칙처럼 사람들에게 관심을 두고 먼저 다가간다면 어떨까? 인간에 대한 '호기심'과 '사랑' 그리고 '존중'하는 마음은 더하고, 부정적인 감정은 덜어내도록 노력해보자. 상대방을 볼 때 자신을 바라보는 마음으로 대한다면 서로에게 좀 더 관대한 세상이 올 것이다.

#4 세계

좋아하는 순간이 모이면 내가 보일까?

하루 중 어떤 순간을 가장 사랑하는가? 누군가 묻는다면 망설임 없이 답할 수 있다. 커피숍에 앉아 커피 한 잔을 음미하며 읽고 쓰는 시간이라고. 그곳에선 혼자 온 사람도 함께 온 사람들도 즐거움을 느낄 수 있다. 조그만 테이블에 앉아 커피 한 잔 마시는 공간이 사람들에게 그토록 끌리는 이유는 무엇일까?

첫 번째는 '새로움을 찾는 여행'이다. 커피숍으로 나서는 순간 커다란 현관문이 쾅 닫히면 은근한 단절이 주는 쾌감도 있다. 좋든 싫든 북적이는 가족들과 생활의 흔적이 가득한 집이라는 공간으로부터의 탈출이 아닌가.

눈을 감아도 시각적으로 떠올릴 수 있는 익숙한 집이 아닌 미지의 낯선 공간으로 떠나는 여행은 호기심과 기대감을 준다. 익숙한 공간을 벗어나 새로운 장소로 향하는 몸의 위치이동은 환경을 탈바꿈해준다. 새로운 곳에서 시선이 달라지면 새로운 무드와 태도를 입게 된다. 오늘은 어떤 카페를 만나게 될지, 길을 거닐며 탐색하는 과정으로부터 익숙함에서 벗어나는 작은 여행이 시작된다.

두 번째는 '해방감'이다. 세상에 태어난 인간은 피부를 보호하기 위해 옷을 입고, 몸을 보호하기 위해 집 안에서 살아가게 되었다. 집은 기본적으로 인간에게 생존의 의미를 지니고 있다. 그러한 집의 주인이 되는 순간, 조금 피곤해진다. 집을 위생적으로 깨끗하고 안전하며 안락한 상태로 관리해야 하기 때문이다.

가끔 집에서 일하면 노트북을 보다가도 눈앞에 거슬리는

집안일을 모른 척하는 게 쉽지 않다. 바지런히 치우는 청소 습관이 밴 상태인지라 몸이 반사신경처럼 움직인다. 어느새 집중력은 흐릿해지고 일의 흐름이 자주 끊겨 주섬주섬 가방을 싸고 있는 나를 발견한다.

스위치 버튼을 눌러 방안의 불을 모두 끄는 것처럼 강제성을 부여하기 위해 밖으로 발걸음을 옮긴다. 커피숍으로 들어서며 '주인'의 옷을 벗고 '손님'의 옷을 입는다. 두 옷이 주는 무게감은 사뭇 다르다. 책임감이 줄어든 환대의 공간 속으로 자꾸만 발길이 향한다.

세 번째는 '공간의 점유'이다. 땅따먹기를 좋아하던 어린 시절, 커다란 땅을 따고 승리감에 도취하였던 기억이 난다. 물건이나 돈을 소유하듯 나만의 사적 공간에 대한 은근한 욕망이 커피 쿠폰 위에 도장을 찍도록 재촉한다. 커피 한 잔을 시켜놓고 테이블 위에 앉으면 그 주위 반경이 잠시 나만의 영토가 된 것 같다.

부모가 되고 아이를 키우면서 집 안에 나를 위한 배타적인 공간은 점차 사라져간다. 커피숍 테이블에 앉으면 타인의 간

섭이나 아이들의 부름에 응답하지 않아도 되는 완전한 고독을 살 수 있다. 군중 속에 숨겨진 그곳에서의 시간이야말로 완전한 자유다. 게다가 북적이는 사람들 사이에 함께 앉아 있으니 연대감이 들어 외롭지 않다. 커피숍이 주는 '함께'에는 너무 가깝지 않은 '적당한 거리'가 보장되는 안정감이 있다.

마지막 이유는 '보상'이다. 어느 날 길거리를 거닐며 아이가 자랑하듯 말을 걸었다.

"나는 멀리서 보아도 세탁소와 커피숍을 구분할 수 있어."

"(신기한 척하며) 아니, 대체 그걸 어떻게 구분해?"

"커피숍이라면 세탁소처럼 칙칙한 색깔과 딱딱한 글씨체로 간판을 달지 않는 법이지."

"그래. 커피숍 간판은 어떻게 생겼는데?"

"말랑말랑하달까?"

#4 세계

어린아이의 표현에 따르면 커피숍은 음료만 파는 곳이 아니라 감성도 파는 곳이다. 그동안 곳간 드나들 듯 커피숍을 찾았던 이유는 메마른 감성을 말랑하게 채워주었기 때문이다.

환한 햇살이 들이치는 커피숍 창가는 연말을 맞아 노란색 알전구가 반짝였다. 크로플, 마카롱, 마들렌, 휘낭시에… 소인국 사람들이 먹을 법한 작고 귀여운 디저트 위에 구름 같은 휘핑크림과 생딸기를 올린 모습을 보면 미소가 절로 새어 나온다. 한입 베어 물면 사라지는 디저트를 먹고 주린 배를 커다란 바닐라라테로 채우기도 한다.

주인장의 취향이 묻어나는 잔잔한 커피숍 BGM이 귓가를 간질인다. 커피콩 볶는 냄새는 코끝을 자극하고 입 안으로 달큰하고 쌉싸름한 커피콩의 파도가 오고 가느라 정신이 없다. "있는 그대로 것을 생각하지 말고 느껴라."라고 말한 몸의 철학자가 떠오른다.

커피숍은 사람들에게 단지 음료를 제공하는 곳이란 걸 넘어선 그 이상의 의미이다. 그곳에선 몸의 감각을 통한 지각으로 이어지는 간접경험을 한다. 옛 조상님들의 지혜가 남아있는 한옥 중에서도 중정으로 이어지는 툇마루가 있다. 툇마루에 앉아서 하늘을 바라보며 오가는 사람을 맞이한다. 거기에선 차를 마시며 지나가는 계절과 날씨, 사는 모습도 구경할 수 있다.

개방된 한옥 구조와 달리 아파트는 단절감을 준다. 골목 문화가 사라진 도시는 점차 마을 공동체와 지혜의 상징이던 어르신들도 사라져갔다. 〈네모의 꿈〉에 나오는 네모난 아파트 속 사람들은 세계와 접촉할 수 있는 경험의 공간을 그 어느 때보다 간절히 꿈꾸고 있다.

영혼에 집이 있다면 그것은 몸이 아닐까? 몸은 동네와 지역, 나아가 지리적인 문화권 속에 살고 있다. 그 속에서 지각해 온 특색에 따라 각자의 사고와 행동에 영향을 미친다.

가상현실과 메타버스. 앞으로 다가올 세상은 대면 없는 비접촉성 공간이 될 것이라고 한다. 그곳이 물리적인 한계를 벗고 다양성을 입을 기회가 될지, 또 다른 단절과 불균형의 공간이 될지 우려 깊은 시선으로 지켜봐야 할 것이다. 미래 세대에겐 또 다른 어떤 공간이 사랑방 역할로 떠오를지 은근한 기대로 기다려 본다.

나약함은 왜 부끄러울까?

치실을 하다 어금니가 부러졌다. 그 후 밥을 먹을 때 시린 통증이 느껴져 치과에 다녀왔다. 의자에 길게 누워 무력하게 입을 벌리고 있는 동안 자신이 어찌나 나약하게 느껴졌는지 모른다. 알고 보니 그동안 실금이 간 치아를 모르고 방치하다 가 일이 커진 것이다. 살뜰히 자신을 챙기며 산다고 착각했지 만 엑스레이 사진 속에서 무참히 반으로 쪼개진 어금니를 마 주하자, 속이 쓰렸다.

대학병원에서 대퇴부 엑스레이를 촬영한 적이 있다. 적나

라한 Y존 사진에 하얗게 자란 혹과 지방이 함께 찍혀있었다. 그걸 바라보자 두 볼이 상기되었다. 내 몸이라지만, 최첨단 장비의 선명한 화질로 내부를 직접 보게 되었을 때의 충격이랄까. 의사 선생님이 사진 위에 그림을 그려가며 설명하는 순간 동물병원에 앉아 있는 기분이 들었다. 나이를 먹을수록 몸이 나약해지고 있다는 사실을 인지하는 순간이 점차 늘어간다.

반면 마음이 나약했던 날들도 많았다. 타인이 별 뜻 없이 툭 던진 말 한마디에 쉽게 상처받곤 했다. 아무런 의도나 배려 없이 던진 말들이 화살이 되어 무딘 마음을 찔러대곤 했다. 예민함 때문일까, 아님 나이 든 자의 아집이었을까?

'나약하다'는 말의 정의는 (심) 의지가 굳세지 못하거나 (신) 몸이 가냘프고 약한 상태를 말한다. 사자가 양을 잡아먹고, 강자가 약자 위에 군림하는 생태계의 섭리가 그렇듯, 우리가 사는 이 세상도 나약한 사람들을 별로 좋아하지 않는다. 그렇기 때문에 강인함과 상반되는 나약함은 되도록 숨길수록 좋다는 게 사회적인 통념이다. '내성적인, 단절된, 오해받는, 무시당하는, 외로운, 방황하는, 불안정한, 거절당한, 차별, 의지가 꺾인' 나약함이 주는 이미지들은 대개 부정적이다. 꼭꼭 숨겨야 하는 나약함은 고립과 소외감을 함께 불러온다. 미운 오리 새끼는 남과 다른 자기 모습을 호수에 비춰보며 어떤 감정이 들었을까, 외로움과 수치심은 아니었을까?

《아우구스티누스 고백록》에서 아우구스티누스는 어둠에는 힘이 있다고 한다. 그의 말에 따르면 인간은 자신을 어떻게 판단할지 묻고 또 묻는 존재다. 그래서 수치심은 삶 속에서 자신의 부족함을 감각하게 하는 지표라고 한다.[14] 즉 수치심은 자기 자신을 개선하고 싶은 의지를 불러일으키는 힘이 된다. 대부분의 인간은 나약함과 독성을 숨긴 채 살아간다. 누구에게나 마찬가지이다. 아우구스티누스의 말처럼 어둠에도 힘이 있다면 나약함 그 자체보다 나약함을 지닌 사람의 다음 행보가 더 중요하다. '어떻게 해도 안 된다.'라는 좌절감 대신 극복하면 발전할 수 있다는 희망이 무력감에서 벗어나게 해주는 힘이 된다. 이러한 결핍은 삶을 밀고 나가는 원동력이 될 수 있다.

순탄하게만 살아오던 완벽함이 때로는 결핍이 되기도 한다. 빠르게 변화하는 시대 속에서 예기치 못한 일과 어려움에 대처하는 일에는 극복해본 경험이 작용하기 때문이다. 삶은 순례와도 같아서 앞으로 나아가는 과정 그 자체에 의미가 있다.

삶에 대한 적극적인 사랑으로 나아가는 일은 나약함을 강인함으로 뒤바꿀 수 있다. 더 이상 나약함 뒤에 숨지 말고 당당히 드러내며 발전의 발판으로 삼아보자.

요즘 자극적인 기사들 속에서 자신의 한계를 딛고 넘어선 사람들의 감동 스토리는 단비가 되어 많은 이에게 귀감이 된다. 삶이라는 여정을 향한 모험과 도전들이 결국 선한 영향력이 되어 선순환한다. 나를 일으키는 힘은 이자가 붙고, 복리가 되어 미래의 누군가를 일으키게 된다.

틀린 것과 다른 것의 차이는 무엇일까?

피터 팬은 어른이 되지 않는다. 영원히 아이로 살다 보니 책임과 무게감도 없다. 아이처럼 순수한 피터 팬은 가볍게 하늘을 날아오르며 자유롭게 살아간다. 어느 날 그는 그림자를 잃어버린다. 피터 팬의 그림자는 웬디의 바느질로 다시 발에 묶이게 된다. 아마도 그림자는 영혼이 아니었을까? 인간의 정신은 늘 무한한 자유를 꿈꾼다. 자유를 갈망하는 정신은 피터 팬의 그림자처럼 유한한 육체 속에 묶여 살아간다.

이 땅에 발을 딛고 사는 육체는 세상을 관찰하는 탐사선이다. 시각, 청각, 후각, 통각 등 모든 신체 감각을 통해 수용되는 정보를 판단한다. 몸은 세상을 바라보고 해석하는 창이 된다. 인간의 육체는 물리적으로 체험할 수 있는 범위나 거리가 한정적이다. 그래서 종종 판단하는 데 오류를 범하기도 한다.

한때 미아키스라는 동물이 있었다. 그들은 대략 5,500만 년 전 유럽과 북아메리카 숲에서 서식했다. 미아키스는 고양잇과 동물과 갯과 동물을 포함한 육식동물의 선조이다. 고양이의 선조는 나무가 많은 숲에서 작은 설치류를 잡아먹으며 살았다. 이후 생존 경쟁에서 밀린 일부 개체들이 초원으로 장소를 옮기고, 갯과 동물이 발생하게 되었다. 서로 앙숙이라 불릴 만큼 다른 개와 고양이가 한 조상으로부터 진화한 결과라니, 놀라웠다.

인간이라는 종은 미래에 각자 어떤 개체들로 진화해 갈지 궁금해졌다. 다변화하고 다원화된 현대사회는 그 어느 때보다 개성이 중시되고 있다. 사람들의 라이프 스타일이나 가치관 혹은 생각에서도 여러 차이점이 발생했다. 아이들 그림책에는 전혀 다른 동물들이 한 아파트에 모여 사는 이야기가 등장한다. 그림책 속 이야기처럼 네모난 아파트 속에 사는 사람들의 문화도 천지 차이다. 그래서인지 점차 판단의 오류와 해석의 문제들이 서로 부딪히는 광경을 목격하곤 한다. '누구는 옳고 누구는 틀리다.'는 이념이나 가치관 혹은 관념의 차이가 대립과 싸움의 구도를 만든다.

'틀리다'는 해석에는 여지가 없지만, '다르다'에는 구석이 존재한다. 그 구석은 바로 수용성이다. '다름'을 인정하는 것으로 서로 다른 두 집단이 교집합처럼 서로를 받아들일 수 있기 때문이다. 앞으로 인류에게 남겨진 진화론적인 숙제는 복잡한 과학기술 발달과 반대인 기초로 돌아간 기본적인 사랑은 아닐까? "안다는 것은 사랑이다."라는 말이 있다. 사람을 향한 공감의 크기와 관심 속에 싹트는 사랑은 인류를 더 인간적이고 아름답게 만드는 힘이 있다.

기록적인 폭염으로 가만히 있어도 땀이 흐르는 계절이다. 여름에는 무거워진 육체 속에서 호흡하는 일조차 힘겹게만 느껴진다. 흉흉한 칼부림 기사들이 뉴스 타이틀을 갈아치우고 호신용품 구매가 치솟는 요즘, 진정한 인류의 성숙과 발전에 대해 번갈아 생각해본다. 과거 농경사회에 비해 정신이 고도로 발달한 현대사회일수록 자극적인 뉴스들이 넘쳐난다.

고도로 발달한 기술과 교통수단으로 실내에 갇힌 몸을 부지런히 움직여야 할 필요성을 느낀다. 비접촉 언택트 시대일수록 부지런히 세상을 걸으면서 마주치는 사람들과의 교류와 연대 속에서 함께 융합해본 경험은 중요하다. 세상을 더 잘 느끼고 사람을 이해하는 감각적인 사람이 되기 위한 첫걸음은 사실 우리가 지나치는 주변의 작은 일상들 속에 깃들어 있다.

영혼과 육체는 어떤 관계일까?

집은 준공된 순간, 건축가의 손을 떠나 이용객과 그 시대에 의해 숨결이 부여되고 되살아난다고 한다. 그렇다면 인간의 영혼에도 몸을 눕히는 공간이 있을까? 육체가 집이라는 공간이라면 어떨까? 엄마의 태반을 떠나 세상에 나온 순간 어떤 영혼이 머무느냐에 따라 사람의 고유성이 결정되며 타고난 시대와 환경에 의해 숨결이 부여된다.

건축에는 사용에 견디는 햇수가 있다고 한다. 사람의 몸과 마음에도 사용 가능 햇수가 있을까? 사람들은 규칙적인 운동과 정확히 계산된 의료 과학 덕분에 육체적 오작동을 손보며 살아간다. 형체가 없는 마음의 경우 정확하게 들여다보고 진단할 수 없어 수리가 까다롭다. 세상으로부터 상처 입고 몇천 번 마음의 문을 여닫는 동안 경첩은 점차 느슨해지고 어긋난다.

마음속에도 눈에 보이지 않는 흠집이 남는다. 기대했던 사랑을 열어보고 실망하기도 하고, 무례한 사람이 보내오는 폭력적인 태도에 상처 입기도 한다. 바깥에서 들어오는 광선, 물, 바람 같은 자극과 반대로 내부에 함께 사는 사람들에 의해 집이 상하기도 한다. 종종 자기 자신을 감당하며 살아가는 게 짐짝처럼 버거울 때가 있다. 때론 마음속에서 일어선 가시를 빼낼 수 없어 그것을 지닌 채 살아가기도 한다.

나와 가장 가까운 곳에 사는 타자는 '가족'이다. 가족이 주는 행복이 때론 속박이 되기도 한다. 관계의 생성과 무너짐을 반복하던 날들도 있다. 강렬한 태양 아래 피운 배롱나무꽃처럼 온 세상에 신비로움이 만개하는 계절에 나의 아이들은 앓느라 바빴다.

수족구병, 노로바이러스 장염, 열감기, 농가진 등 살아낼 만하면 또다시 아프기를 반복했다. 습한 여름밤 피를 노리는 모기처럼 여름 전염병은 아이 옆을 돌림노래로 따라다녔다. 고개를 돌리면 계절감이 주는 환희와 타는 듯 작렬하는 통증의 반복 속에 멀미가 차올랐다. 작은 어깨를 지닌 아이와 함께 종이로 지은 작은 배로 바다를 항해하는 기분이 들었다.

파도는 입맛을 다시며 넘실거리고 종이배가 습기로 차오를 때면 밝은 태양이 바짝 다가와 말려주기를 기도했다. 짠 내음 가득한 바닷바람을 맞으며 살다가도 고개 들면 하늘은 막 세수를 한 파란 얼굴이었다.

가슴에 고인 물기와 머릿속을 채운 모래들을 솔솔 털어내는 것. 그것 외엔 딱히 할 수 있는 일이 없을 때도 있다. 하루에도 여러 번 포기하고 싶은 마음과 붙잡으려는 마음이 내부에서 차오른다. 마음이란 바다에 회한이 오고 후회가 떠나면 미련이 바닥을 드러내 보이기도 한다. 자신과의 지지부진하고 긴 싸움을 이어가고 있는 것 같다. 포기하지 않는 한 지지 않는 싸움, 미련한 나를 견뎌내는 싸움, 부족한 나를 붙잡고 안아줌으로써 마무리될 싸움이었다.

우리 몸의 70퍼센트는 물이 차지하고 있다. 가끔 인간의 몸이 모래로 지어진 커다란 성이라는 상상을 해본다. 모래성을 쌓을 때 물을 부어 주면 모래 알갱이들이 서로 결집해서 벽돌과 같은 단단함을 만들어낸다. 그때 물은 마치 삶을 채워주는 '사랑의 밀도'와 같다.

단단한 모래성은 각자의 개성에 따라 웅장한 아름다움으로 서 있다. 안이 텅 비어 있든 꽉 차 있든, 결집한 모래들의 힘(결집력)만으로 성은 버티고 서 있다. 모래알 한 알 한 알에는 추억이 아로새겨져 있다. 뾰족했던 상처들도 둥글게 마모되어 함께 어우러진다. 모래 한 알이 각자 '사랑의 기억'이라면 이런 마음들을 모조리 붙잡고 사는 게 우리의 삶과 비슷하다.

성벽처럼 단단한 모래성도 순식간에 불어오는 바람에는 속수무책이다. 모래알 서너 개가 날아가기 시작하면 작은 금이 생긴다. 그때부턴 거침없이 추락한다. 마음의 물성이란 세울 땐 오랜 시간 공을 들이지만 무너질 땐 한순간이다. 바닥에 널브러진 모래들을 바라보면 속상하지만 또 어쩌겠어, 하며 주섬주섬 꼭꼭 눌러 담아 토닥여 본다.

파도처럼 몰려오는 감정들로 인해 마음이 무너지면 다시 쌓으며 살고 있는 우리는 각자의 모래성을 짓는 영혼의 건축가이다. 무너졌던 경험들이 쌓여야 점차 더 단단한 집을 지을 수 있다.

아이들을 바다에 데려가면 흙을 주무르고, 물을 퍼다 나르며, 두드리고 알려주지 않아도 본능적으로 놀이를 시작한다. 아이들에게는 모래성을 쌓는 일이 그저 신나는 놀이일 뿐이다. 무너지면 웃음도 파도처럼 깔깔깔 부서진다. 다시 쌓아야 하는데도 아무 불평도 불만도 없다. '놀이를 대하는 자세'로 아이들처럼 순수하게 살아가 보자. 너무 진지하지도 무겁지도 않게 말이다. 성은 무너지면 다시 쌓으면 되니까. 아기자기한 모래 삽을 들고 커다란 안경을 올리며 지어내는 우리들의 삶은 모두 하나의 아름다운 예술작품이 된다.

마쓰이에 마사시의《여름은 오래 그곳에 남아》에서는 건축은 화려한 예술이 아니라 현실 그 자체라고 한다.[15] 날마다 가꾸어가는 그 누군가의 인생 또한 마찬가지로 현실 그 자체이다. 집은 넓은 대지 위에 짓는다. 우리 역시 두 발로 땅을 딛고 각자의 생을 세우고 구성하며 살아간다. 그곳에서 비로소 안전하게 사랑하며 지낼 수 있다.

영혼이 세 들어 살고 있던 육체는 때가 되면 언젠가 소멸해 형체도 남기지 않고 사라질 것이다. 한때 열정적으로 살다가 사라지는 이름 없는 무수한 영혼들을 진혼할 수 있는 건 무엇일까, 그것은 뜨거웠던 사랑의 흔적 외에 또 무엇을 남길 수 있을까?

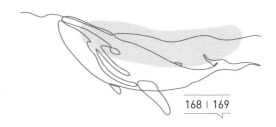

동물에게도 리더십이 있다?

하늘에서 철새들이 편대로 날아가는 형상의 'V자 구름'을 만났다. 도심 속에서 구름을 찾으며 운전대를 잡고 꽤 먼 외곽에 도달해서야 장관을 마주할 수 있었다. 막 찍은 구름 사진을 들고 있자니 하늘이 허락해준 듯한 흐뭇함이 차올랐다.

우리나라의 새는 600여 종에 이른다. 그중 200여 종은 텃새이며, 지나쳐가는 철새들은 400여 종에 달한다고 한다. 철새 중에서도 기러기는 리더십이 탁월하다고 알려졌다. 기러기들이 V자로 날아가다 보면 선두에 있는 녀석이 지치곤 한다. 그럴 땐 후미에 있던 녀석이 교대해준다. 또 이동 중 날개를 다치거나 날 수 없게 된 기러기가 나타나면 남겨두고 떠난다. 자칫 매정해 보일 수도 있지만 튼튼한 친구를 곁에 남겨두어 회복한 후 빠르게 무리에 합류할 수 있도록 도와주는 것이다.

기러기들은 함께 비행할 때 독특한 울음소리를 낸다고 한다. 선두에 선 기러기가 지치지 않도록 격려해주기 위해서다. 선두 기러기들에게 보내는 격려의 소리는 다른 기러기들도 함께 날아갈 수 있다는 '신념'을 주는 신호로 작용한다. 이러한 동물들의 리더십은 사실 살아남기 위한 생존의 진화 방식이다. 누군가 살아남기 위해서는 결과적으로 연대해야 한다는 사실이다.

시베리아나 알래스카에서 번식하고 겨울을 나기 위해 한국으로 찾아오는 기러기 비행단의 비밀을 알아보자. 혼자 가면 빠르게 갈 수 있지만 서로 돕고 격려하며 함께 가는 것, 그것이 2천 킬로미터 넘는 비행을 가능케 하는 철새들의 숨겨진 힘이다.

한편 동굴 벽에서 온몸을 맞대고 생활하는 박쥐들은 몸무게의 반 이상이 되는 피를 먹어야 한다. 40시간가량 피를 공급받지 못한 박쥐는 죽게 된다. 놀랍게도 주위에 피를 공급받지 못해 죽어가는 동료가 있으면 박쥐들은 위에서 피를 토해 나눠준다.

지구에서 가장 추운 남극의 황제펭귄들은 눈 폭풍과 추위를 견디기 위해 몸과 몸을 밀착시킨다. 바깥쪽에 있는 펭귄의 등에는 서리가 내리지만, 안쪽은 따뜻하다. 그들은 안쪽 펭귄들이 바깥쪽 펭귄들과 교대를 반복하며 협력해 체온을 유지한다.

이처럼 지구상의 동물들은 혼자서는 살아갈 수 없다는 사실을 온몸으로 보여준다. 서로 연대해야 한다는 지혜를 실천하는 동물에게 다시금 '함께'라는 가치를 배운다. 타인을 자기처럼 아끼고 배려할 줄 아는 이타적인 자세는 결국 한 집단을 오래도록 굳건히 존재하게 해주는 비밀의 열쇠이다.

개인의 성과를 중시하는 경쟁이 치열한 사회일수록 마음의 여유를 갖고 인류에게 잊고 있던 중요한 가치는 무엇인지 돌아보아야 할 때이다. 인공지능을 기반으로 한 비접촉 개인화 시대에서 우리는 어떻게 살아갈 것인가. 어려운 해답은 때로는 간단한 비밀 속에 숨어있다.

첫인상에서 중요한 건 무엇일까?

우리 가족에겐 두 대의 차가 있다. 아이 둘을 나눠 태우고 각자의 일터로 나선다. 경제적으로 넉넉지 못한 살림에 한 대는 등록비가 없고 유지비가 적은 경차를 구매했다. 가끔 서로의 차를 바꿔 타는 날이면 느낄 수 있는 미묘한 차이가 발생하기 시작했다.

'어떤 차를 운전하느냐에 따라 다른 인격을 입는가?'

세단을 타는 날이면 정장을 잘 차려입은 듯 부드러운 운전

기술을 발휘한다. 반면 경차를 타는 날이면 슬리퍼를 신은 듯 자유롭게 공간을 누빈다. 협소한 공간에 주차 문제도 어렵지 않다. 차이는 주행할 때 더 벌어졌다. 경차를 탄 날에는 빨간 신호에서 초록 불로 바뀌자마자 늘 뒤에서 경적이 울려댔다. 세단을 탈 때 여유롭던 차선 바꾸기도 어려웠다. 눈치껏 날렵하게 치고 들어가지 않으면 부산까지 갈 것 같은 마음에 운전은 점차 격렬해졌다. 기분 탓이었을까?

자동차의 종류가 도로 주행에 미치는 영향에 대해 혼자 곰곰이 생각하던 찰나 흥미로운 기사를 만났다. 사람이 타고 도로 위를 나아가는 도구가 '차량'이라면 인간의 사고가 앞으로 나아가는 도구는 '언어'이다. 인간은 언어를 통해 사고를 형성한다. 언어에는 오랜 시간 쌓여온 지리, 사회 문화적인 특색이 강렬하게 남아있다. 때로는 언어 자체가 역사의 산물이 되기도 한다. 기사에 따르면 사람이 어떤 언어를 사용하는지에 따라 각기 다른 문화적 성격을 갖는다고 한다.

위스콘신 주립대와 뉴욕주 바루크 대학 연구진이 새로운 연구 결과를 내놓았다. 두 가지 언어를 사용하는 이중문화 가정에서 자란 사람들은 어떤 언어를 사용하느냐에 따라 무의식적으로 행동과 성격까지 달라진다는 사실이다. 인지구조는 각각의 문화 및 언어에 영향을 받는다. 이 때문에 어떤 언어를 사용하느냐에 따라 상이한 가치와 행동, 세계관, 자아정체성의 레퍼토리를 갖는다고 한다.

미국 카피라이터가 작성해 흥행시킨 문구로 전 세계에 홍보했을 때 종종 나라별 상황에 따라 외면을 받는 경우가 있다고 한다. 언어는 문화권 안에서 해석되어야 하기 때문이다. 한국에서 "언제 한번 밥 먹자."가 식사 약속을 잡자는 말이 아닌 "또 보자!"란 상황적 의미로 쓰이는 것처럼 말이다.

각자 분리되어 밀 농사를 짓던 서양과 달리 공동의 노동을 통해 쌀농사를 지었던 동양에선 개인보다는 상호관계가 더 중요시된다. '내 나라'가 아닌 '우리나라'가 더 편한 이유이기도 하다. 이러하다 보니 한국 사회에서는 서로의 눈치를 살피며 분위기를 파악하는 대화를 중요시한다. 대화의 의미 전달 못지않게 제스처나 상대방의 반응도 함께 살펴야 한다. 이는 온라인 세상에서도 마찬가지다.

온라인 세상에서는 시간이 돈이다. 사람들은 점차 긴 글의 기사보다 즉각적인 사진 혹은 동영상을 더 선호한다. 세상 속 변화의 주기가 빠른 만큼 짧은 영상들은 민감함에 즉각 반응할 수 있다. 또한 시각 매체는 이해가 쉽고 즉각적인 전달이 가능하다. 이러한 영향은 이모티콘에도 적용되었다.

요즘 같은 비접촉 시대에 언어만으론 상대방의 감정이나 표정을 읽을 수 없다. 그래서 이모티콘은 온라인 소통에서 중요한 수단이 되었다. 최근 이모티콘 속엔 다양한 유색인종의 피부색이 추가되고 있다. 남성 직업을 대표하던 이모티콘에 여성을 넣는가 하면 히잡을 쓴 이모티콘도 생겨났다. 이모티콘은 언어적 한계를 넘어선다. 전 세계 공용으로 쓰일 수 있다는 점에서 의미가 있다. 앞으로 나오게 될 무수한 이모티콘을 통해 각자 언어가 지닌 문화, 지리적 한계를 넘을 수 있는 소통의 무대가 되길 진심으로 기원해본다.

어떤 사람인지 궁금하다면 어떤 말을 담는 사람인지 먼저 고민해보면 알 수 있다. '옷매무새'는 옷을 손질해서 입은 모양새를 말한다. 가지런히 손질해야 하는 건 '맵시'뿐만이 아

닌 '말씨'도 포함된다. '말 매무새'처럼 이제 말은 '하는 것'이
아닌 '손질해 입는 것'이다. 앞에 있는 상대방을 위해 말끔히
차려입는 말의 품격은 어른이 갖추어야 할 또 다른 재산이다.

#4 세계

교육 디폴트값을 선택할 수 있다면?

이희영 작가의 청소년 소설 《페인트》에는 이런 이야기가 나온다.

지금보다 저출산이 심각해진 어느 미래에 국가는 국민을 대신해 양육공동체 NC 센터를 설립한다. 그곳에서 아이들은 열세 살이 되면 직접 면접을 본 후 마음에 드는 부모를 고를 수 있다. 아이들이 직접 부모를 면접한다는 이 책의 설정은 학생들의 마음을 사로잡으며 베스트셀러가 되었다. 당연한 줄로만 알았던 사실을 선택할 수 있다면 어떤 결정을 내릴 것인가?

"만일 태어날 나라를 선택할 수 있다면 어떤 요건을 고려해 선택하고 싶은가?"

가정의 3요소는 같이 살 집과 가족 구성원, 각자 원하는 삶을 이뤄갈 선택의 순간들이다. 국가에도 3요소가 있다. 바로 영토, 국민, 주권이다. 같은 영토에 모여서 주권을 행사하는 국가의 주인을 '국민'이라고 한다. 수렵 채집 시절과 달리 농경사회는 사람들이 모여 연대가 누적될수록 풍요로움을 경험하게 되었다. 사회적 연대는 산업화를 거치며 양극화현상을 심화시켰다. 현재 자본주의 국가들은 물질적 자산의 공정한 배분이라는 새로운 문제를 떠안게 되었다.

가정에서는 어린 자녀일수록 부모에게 상처받기 쉽다. 부모가 원하는 대로 틀에 가두거나 다른 자녀들과 차별하는 상황들이 그러한 사례이다. 그런 부모의 모습이 내가 속한 국가의 얼굴이라면 어떨까? 자녀를 기르는 부모의 태도처럼 국가에서도 필요한 덕목은 바로 '공정성'이다.

요즘 세대들이 가장 중요시 생각하는 가치는 '공정함'이라고 한다. 그들이 공정함을 중요하다고 느끼며 자라게 된 데에는 불평등의 경험이 있다. 누구나 부모를 선택해서 태어날 수 없다. 부모는 애착의 대상이면서 동시에 '사회적 계층 척도'이기도 하다. 과도한 사교육 경쟁으로 인해 교육의 정의(부의 재분배 기회)가 실종되면서 불평등한 기회가 개선될 여지가 없다는 실망감은 젊은이들을 화나게 한다.

정의와 현실과의 괴리에서 절망감은 깊어진다. 니체는 힘을 지닌 권력이 도덕을 외면하는 절망적인 상황을 '니힐'이라고 했는데, 자신이 점차 '아무것도 아닌 존재'로 여겨지는 무력함을 말한다. 힘의 논리로 작용하는 사회적 불의를 보면서도 우리는 언제까지나 무력하게 서 있어야 하는가? 이러한 무력감은 언제부터 생겨난 것인가?

요즘 초등학교 4학년부터 수포자(수학포기자)란 말이 유행한다. 한창 꿈을 향한 씨앗을 품어야 할 아이들이 교실 안에서 포기를 먼저 배운다는 사실이 씁쓸하다. 교육이 미래를 향한 희망의 발판이 아닌 나아가고 싶은 길을 막는 수단이 되는 건 아닌지 모르겠다. 때론 제 키를 훌쩍 넘겨버린 뜀틀 앞에서 아이는 뛰어넘거나 비껴가지 않고 넘어가는 일을 포기하기도 한다.

언제쯤 학교라는 곳이 '자기검열'의 장소가 아닌 '자신감을 열어주는' 곳이 될 것인가. 아이들이 교실 속에서 할 수 없는 일보다 할 수 있는 일이 더 많다는 자아효능감을 배울 기회가 필요하다.

사회에서 써먹기 위해 필요한 '지식과 정보'뿐만 아니라 자족하는 삶을 살기 위해 기본이 되는 '지혜, 용기, 절제, 정의, 사랑' 등을 배워오는 성숙의 장이 되길 바란다. 이것들 모두 책상 앞에 앉아서 배울 수 있는 건 아니다. 생동하는 계절 속에서 사람들과 함께 몸을 움직여 경험으로 체득할 수 있는 배움의 가치들도 존재한다. 때론 수치화로 채점하거나 평가할 수 없는 경험들도 있기 때문이다.

벤담의 공리주의가 떠오른다. 우리가 바라고 추구하는 행복은 계급, 신분, 부, 성별의 차이 없이 누구나 한 사람의 개인으로 똑같이 취급되어야 한다는 이론이다. 나와 모두의 행복을 누구도 차별할 수 없다는 공리주의는 비록 현실 속에서 완벽하게 작용하지 않았지만 (희생자 선택의 문제) 잊지 말아야 할 기본적인 가치임은 분명하다. 공정성 문제는 어린 시절 공평한 기회를 주는 것에서 시작되어야 한다고 생각한다.

아이들을 서열화로 일찍부터 재목인지 아닌지 섣불리 판단하기보다 '해낼 수 있는 기회'를 열어두고 격려하며 지켜보는 일 또한 어른들의 역할이다. 그동안 힘의 논리인 전쟁의 역사 속에서 국가는 아버지의 얼굴을 하고 치열하게 싸워 자국민을 지켜왔다. 앞으로는 소외되는 국민 없이 섬세하게 개인을 보살피는 어머니의 면모를 더했으면 좋겠다.

올겨울 오래도록 기다렸던 눈이 내렸다. 하얗게 눈 덮인 길 위에는 앞서나간 이의 발자국이 새겨져 있다. 그중엔 뒤로 향하는 발자국도 있다. 걷다가 방향을 바꾸거나 되돌아간 발자국은 있어도 중간에 사라져버린 발자국은 없다. 앞으로 가거나 혹은 뒤로 가다가 다시 돌아가면 그만일 뿐, 걸음을 중도에 포기한 사람은 없다. 걸어가는 걸음 뒤에는 늘 묵묵한 인내와 수고로움이 있었다는 걸 미래의 새싹인 아이들 역시 알아주기를 바란다. 희고 고운 눈에 발자국을 내듯 좋아하는 일을 향해 걸어갈 미래 세대의 걸음에 묵묵한 응원을 보낸다.

여전히 구시대적으로 박제된 공교육이 새로운 기로를 모색해 변화의 바람이 필요한 시점이다. 최근 학교폭력과 촉법소년들의 범죄 강도가 점차 과감해지고 있다. 사교육 또한 아이들을 점차 과열되고 경직된 경쟁 사회로 끌어들이고 있다. 아이 키우기가 두렵다는 부모들이 증가하는 추세이다. 현재 한국 사회에선 학원비로 허리가 휘는 부모들과 과도한 경쟁 속에 내몰린 아이들의 곡소리가 계속된다.

저출산 1위 국가라는 오명에서 교육은 분명한 이유가 되어준다. 획일화되고 일방적이었던 기존 교육이 아이들의 건강과 성숙을 향해 나아갈 변화를 모색해야 한다. 성숙하고 건강하며 공정한 교육이 실현되는 국가에서 '허공을 달리던 아이들의 발걸음'이 '단단한 땅을 밟고' 나아가는 날들을 그려본다.

#4 세계

싸움은 무조건 나쁠까?

《나를 바꾸는 싸움의 기술》에서는 자신을 지키기 위해 싸워야 할 때는 싸우라고 한다.[16] 대부분의 사람은 되도록 싸우지 않고 평화롭게 살아가고 싶어 한다. 싸움의 역사는 호모사피엔스 시절로 거슬러 올라간다. 태초의 인간에게도 싸움은 자신을 지키기 위한 가장 기본적인 공격 본능이었다. 이러한 싸움은 오랜 역사와 함께한다. 유전자 속에 이어져 온 아이들의 싸움 본능은 놀이에서도 엿볼 수 있다.

아이들은 오랜 시간에 걸쳐 완성한 레고를 부수며 논다. 즐거움을 위한 단순한 '파괴적인 욕구(-)'일 때도 있지만 '재창조의 욕구(+)'일 때도 있다. 새로 만들기 위해서는 먼저 견고하게 쌓인 것을 부숴야 한다.

수직으로 쌓였던 조각들이 분해되어 새로운 작품 속에서는 '위치 이동'을 한다. 바닥 면을 이루었던 조각이 지붕이 되거나 벽을 만드는 데 쓰이곤 한다. 레고를 부수는 행위는 새로운 모습으로 재창조되기 위한 하나의 과정이기도 하다. 아이들은 싸우며 성장해 간다. 싸움도 이와 비슷한 기능을 하는 것은 아닐까?

요트가 앞으로 나아가려면 연료가 필요하다. 그리고 한 가지가 더 필요한데 바로 풍향이다. '신뢰와 성실, 사랑과 희망' 같은 에너지가 사람을 앞으로 나아가게 하는 연료에 속한다면 '투쟁과 의지 혹은 열정' 같은 것들은 바람이 되어준다. 그러나 누구든 싸움을 즐거워하는 사람은 없을 것이다. 투쟁과 의지로 자신을 관철하며 기존의 힘을 거스르는 일을 터부시하는 까닭은 무엇인가.

그동안 나는 평화주의자라는 사실에 한 치의 의심도 없이 자부하며 살아왔다. 어린 시절 학교에 입학하며 가장 먼저 배우는 게 친구와 싸우지 말고 사이좋게 지내는 것이다. 가정을 떠나 첫 공동체 생활을 하며 다툼은 불필요하고 부정적인 대상으로 치부되었다. 학교는 언제나 싸움이 일어날 수밖에 없다. 늘 재주껏 피해 가며 살아왔다. 싸우지 않고 선생님 말씀을 잘 듣던 착실한 아이는 성장해서 싸움을 피하는 어른이 되었다.

성인이 되어 아이를 키우면서 깨닫게 된다. 아이들은 자연스럽게 싸우며 성장한다. 다툼에는 동전의 앞면과 뒷면이 존재한다. '무의미한 힘자랑과 파괴의 대상'이 될 때도 있지만 때론 '관계의 재창조' 역할을 하기도 한다. 영화 속에서 악당과 영웅이 팽팽하게 대립하듯 진정한 평화를 유지하기 위해 가장 중요한 것은 스스로 힘을 지녀야 한다는 사실이다.

과거 지주들의 악랄한 태도에 반항하기 위해 농민들은 낫을 들었고, 일본에 지배당하던 시절 조선의용대들은 항일무장투쟁을 했다. 역사 속에서 여성들은 투쟁을 통해 참정권을 얻었으며, 인종차별 역시 같은 진통을 겪었다. 요즘은 질병과의 전쟁 시대라고도 한다. 과거 역병의 역사에서 페스트는 유럽 인구의 1/3을 사망으로 내몰았고, 중세를 몰락시켰다. 이런 안타까운 결과는 서유럽 발흥의 계기가 되었다.

싸움의 역사는 물리적인 것 외에도 관계 속에서 나타난다. 부부 혹은 남녀의 관계에도, 부모와 자식 간에도, 하물며 친구 혹은 동료와도 종종 심리적 싸움이 발생한다. 사이가 가까울수록 다툼은 더욱 첨예하고 빈번하게 발생한다. 예전에 어르신들은 이렇게 말씀하시곤 했다.

"오래된 사람은 고쳐 쓰는 게 아니다. 적당히 포기하며 살아라."

어린 시절 당연히 듣고 자란 생각들에 영향을 받으며 나는 어른이 되었다. 부도덕한 사람의 무례한 태도에 숨죽이고 넘어가던 순간 '꾹 참아내길 잘했다.'라며 오히려 나 자신을 타이르곤 했다. 상대방에게 아무런 기대감 없는 무력함은 관계 개선에 대한 의지 대신 회피를 키워갔다.

때로는 관계의 종말인 파국을 위해 달려가는 싸움도 있지만 실은 더 나은 관계로 나아가기 위해 힘의 균형을 맞추는 싸움도 존재한다. 배 위에 짐을 가득 실어 나르다 보면 파도로 인해 한쪽으로 쏠리는 경우가 있다. 그럴 때는 다시 하나씩 해체하고 제자리로 옮기며 균형을 맞추는 작업이 필요하다. 관계에도 늘 싸움이 해결책이 될 수 없지만 '평화주의적인 방법이 때론 아무런 힘을 발휘하지 못하는 상황'도 분명 존재한다.

인간의 역사는 투쟁의 역사와 떼놓고 설명할 수 없다. 싸워야 할 때 현명하게 투쟁할 줄 아는 어른이 되어야 한다. 미국 몽고메리에서는 인종차별 철폐를 위해 흑인들이 보이콧을 선언했다. 간디의 평화적 시위를 닮은 이러한 방법은 자기 한 사람의 편의를 위해서가 아닌 이웃과 나아가 미래 세대를 위한 건강한 싸움이 되었다.

사랑과 관심 그리고 책임을 수반한 건강하고도 평화로운 싸움은 한 시대의 거대한 배를 밀어내는 바람이 될 수 있다. 바람이 불지 않으면 배는 앞으로 나아갈 수 없다. 쓴소리를 내야 할 때 나설 수 있는 용기 또한 사랑의 다른 표현이다.

옳고 그름 혹은 우월함과 열등함에 대해 말할 때 요즘 그 어느 때보다 조심해야 한다는 걸 느낀다. 차이가 차별이 되지 않도록 협력과 연대 속에서 풍랑과도 같은 앞날을 뚫고 나갈 수 있는 기지를 발휘해야겠다. 폭력과 무고한 희생이 없는 무해한 싸움, 그것은 바위를 뚫는 물방울처럼 날카로운 칼도 뚫지 못한 부드러운 무기가 되어줄 것이다.

인생이 무엇이라고 생각하나요?

톨스토이는 인간이 살아가는 목적은 영혼을 구원하는 데 있다고 했습니다. 만일 누군가 "영혼을 구원받으셨습니까?"라고 묻는다면 선뜻 대답할 자신은 없습니다. 솔직히 말하자면 이 책은 '살아내고자 하는 개인적인 이기심'에서 시작되었기 때문입니다. 질문을 통해 사유하며, 답을 찾고자 했던 노력은 어느덧 커다란 세계 속에서 개인으로 인생의 의미를 찾는 과정이 되었습니다.

사람들은 각자 해석의 세계에 살고 있습니다. 표본 집단이 통계치에 영향을 미치듯 자신의 위치와 환경에 따라 해석한 현상과 세계는 매번 달라집니다. 그래서 불변하는 정답지가 존재하지 않습니다. 이 책을 쓸 만큼 저 자신이 올바른 삶을 사는 사람이라는 확신 또한 없습니다. 그러나 한 가지는 확실합니다. 정답은 언제나 고유한 그 사람 안에 자리하고 있습니다.

투자 대비 수익이라는 말처럼 우리는 그 어느 때보다 사람을 생산성으로 판단하는 시대를 살고 있습니다. 4차 산업혁명의 시대. 수많은 사람이 인공지능에 대체되어 직업을 잃게 되고, 우리는 속수무책으로 변화를 받아들여야 합니다. 발달한 기술 문명이 속도를 낼수록 인간들이 감당하게 될 소외가 가속화되는 현시대, 인간의 '존재와 가치'에 대한 고민이 시작되었습니다. 성경책이 없는 무신론자로 살아오며 보이지 않는 인생의 의미를 철학에서 찾기 시작했습니다. 누군가에겐 자칫 뜬구름 잡는 소리 같을지 모를 철학이 실로 복잡하고 다변화하는 사회 속에서 가려운 곳을 긁어주는 실용적인 학문이 되었습니다. 질문을 통해 문화, 종교, 지리, 환경 속에 굳어 온 고정관념에 대해 저항하며 유연한 사고를 입는 동안 몰입의 즐거움을 주었습니다.

아직도 스스로 잘살고 있는지에 대해 쉽게 대답할 수 없습니다. 노력하는 중이라고 할 수 있겠습니다. 공든 탑을 부수고 다시 쌓으며 재생산되는 '개인적인 신념과 가치관' 그것이 '변화하는 삶이라는 정글'을 헤치고 나아가는 배타적인 무기가 되어주리라 확신합니다. 시간이 지나도 변하지 않는 사실이 하나 더 있습니다. '존재만으로도 가치 있는 인간의 존엄성'은 급변하는 사회에서도 절대 변하지 않을 진리이자 숙제입니다.

여러분들께서도 오늘이란 영원한 반복 속에 무던히 노력해온 자아를 일으키고 나아가는 일, 즉 '자기 부흥의 시간'이 되었기를 바랍니다.

에필로그

참고 도서

1) 《쇼펜하우어 인생론》, 아르투어 쇼펜하우어, 사순옥 옮김, 홍신문화사, 2011.

2) 《욕망 이론》, 자크 라캉, 권택영·이미선·민승기 옮김, 문예출판사, 1994.

3) 《초역 니체의 말》, 프리드리히 니체, 시라토리 하루히코 엮음, 박재현 옮김, 삼호미디어, 2022.

4) 《시장의 흐름이 보이는 경제법칙 101》, 김민주, 위즈덤하우스, 2011.

5) 《나를 살리는 철학》, 알베르트 키츨러, 최지수 옮김, 클레이하우스, 2021.

6) 《차라투스트라는 이렇게 말했다》, 프리드리히 니체, 정동호 옮김, 책세상, 2000.

7) 《아리스토텔레스》, 조대호, 아르테, 2019.

8) 《잃어버린 시간을 찾아서 1~3》, 마르셀 프루스트, 민희식 옮김, 동서문화사, 2010.

9) 《나를 살리는 철학》, 알베르트 키츨러, 최지수 옮김, 클레이하우스, 2021.

10) 《소비의 사회》, 장 보드리야르, 이상률 옮김, 문예출판사, 1992.

11) 《초역 니체의 말》, 프리드리히 니체, 시라토리 하루히코 엮음, 박재현 옮김, 삼호미디어, 2022.

12) 《모리스 메를로 퐁티》, 심귀연, 컴북스캠퍼스, 2023.

13) 《열린사회와 그 적들 I》(개정판), 칼 포퍼, 이한구 옮김, 민음사, 2006.

14) 《아우구스티누스 고백록》, 아우구스티누스, 김평옥 옮김, 종합출판범우, 2008.

15) 《여름은 오래 그곳에 남아》, 마쓰이에 마사시, 김춘미 옮김, 비채, 2016.

16) 《나를 바꾸는 싸움의 기술》, 강준, 타래, 2013.

나에게, 질문 있습니다

질문의 발견

발행일 | 2024년 2월 26일 초판 1쇄

지은이 | 박세은
펴낸이 | 장영훈
펴낸곳 | (주)이츠북스

책임편집 | 고은경
편집 | 주순옥, 오경선, 김명선
책임마케팅 | 남선희
디자인 | 디자인글앤그림
인쇄 | 영신사

출판등록 | 2015년 4월 2일 제2021-000111호
주소 | 서울특별시 강서구 화곡로 416, 1715~1720호
대표전화 | 02-6951-4603
팩스 | 02-3143-2743
이메일 | 4un0-pub@naver.com

홈페이지 | www.4un0-pub.co.kr
SNS 주소 | 페이스북 www.facebook.com/saungonggam
　　　　　　인스타그램 www.instagram.com/saungonggam_pub
　　　　　　블로그 blog.naver.com/4un0-pub

ISBN | 979-11-959138-0-0(03100)

사유와공감은 독자 여러분의 책에 관한 아이디어와 원고 투고를 기쁜 마음으로 기다리고 있습니다. 책 출간 아이디어가 있으신 분은 이메일 **4un0-pub@naver.com** 또는 사유와공감 홈페이지 '작품 투고'란으로 간단한 개요와 취지, 연락처 등을 보내 주세요. 여러분을 언제나 응원합니다.